지은이 **이 창 헌**

1970년 태어나 특정 교파가 아닌 교회 전체와 세상을 위해 일하라는 부르심을 받고 연세대학교 신학과에 입학했다. 졸업 후 교회들을 섬기다가 프랑스 유학길에 올랐으며, 스트라스부르 제2대학Marc Bloch에서 석사학위를 취득했다. 그곳에서 배우고 깨들은 지식으로 한국 교회를 향해 예언하라는 부르심을 받아 귀국하였다. 지금은 프랑스어를 우리말로 번역하면서 작가로서 이 시대를 향한 주님의 뜻을 글로 써내고 있다.

프랑스에서 한인 교회는 물론 알자스로렌 개신교회(EPAL)를 섬겼고, 카리스마틱 공동체들이 유럽에서 발흥하는 것을 목격하였다. 귀국 후, 첫 출판한 책은 판타지 성장소설 「셀레네 키아네스와 오래된 도시」 1, 2권으로 복음의 의미를 소설 형식으로 담아냈다. 복음과 십자가의 의미를 에세이 형식으로 해석한 작품이 「십자가의 신비」이며, 단편집 「천국의 파편」은 블로그 〈이창헌의 소설 창고〉에 올렸던 크리스천 단편들을 모은 것이다.

천국의 파편

지은이　이창헌
초판발행　2011년 7월 20일

펴낸이　배용하
책임편집　한상미
등록　제364-2008-000013호
펴낸곳　**도서출판 대장간**
　www.daejanggan.org
　대전광역시 동구 삼성동 285-16
　전화 (042) 673-7424 전송 (042) 623-1424
박은곳　경원인쇄

ISBN　978-89-7071-218-5

 **값 9,000원**

이창헌 크리스천 단편집

천국의 파편

차례

작가의 말

　문학작품과 소설이 홍수를 이루는 이 시대에 역설적으로 소설을 제대로 쓴다는 것은 참으로 쉽지 않은 일이다. 과연 문학, 그리고 소설이 담아내야 하는 가치는 무엇일까. 나에게 있어 그리스도인으로서 기독교 문학을 위해 부름을 받았다 여기며 과연 무엇을 원고지에 담아내야 할까 하는 고민은 여전히 현재진행형이다. 그러나 독자를 의식해 가며 그들이 무엇을 좋아할까 하며 걱정하며 나온 글들은 여지없이 나 자신에게 열패감을 남겼다. 나는 잠시 펜을 내려놓고 생각했다. 그런 글을 쓸 거라면 나 말고도 세상에는 하늘의 별들처럼 많은 작가가 있지 않은가.

　한 때 고전이 왜 고전인가에 대해 스스로 답해 본 적이 있었다. 얄팍한 내 사고의 결론은 그건 인류 보편의 가치에 호소했기 때문이라는, 모두가 동감할 수 있는 글이었기 때문이라는 것이었다. 하지만, 그런 글을 쓰고자 했을 때 난 나 자신의 존재가치를 찾을 수 없었다. 모두가 공감하고 모두가 동의하는 주제에 왜 나마저도 숟가락을 올려놓아야 하느냐는 울컥거림이 있었던 것이다. 세상 사람들이 이미 다 알고 있고 이미 수많은 세계명작을 통하여 동감한 바 있는 그러한 가치들을 재생산하기 위해 굳이 주님께서 나를 부르셨을까. 그 단순한 의문 속에서 난 문학의 본질에 대하여 다시 찾아보고 다시 반추하기에 이르렀다.

문학의 본질은 카타르시스 καθαρσις라는 것이다. 그것은 그리스어인데, '정화' 또는 '배설'이라는 뜻이다. 학교에서 배웠을 때는 이것이 왜 문학의 본질이라는 것인지 이해할 수 없었다. 상상해 보라. 작가가 배설한 똥을 먹으려고 독자들이 줄을 서서 기다린다는 것을. 독자들이 그렇게나 할 일이 없어서 작가가 눈 똥을 받아먹으려고 돈을 내고 책을 산단 말인가. 만일 그렇다면 작가는 자기 똥을 돈 받고 파는 악덕상인이 되고 만다. 사람의 똥이 다 거기서 거기지 작가의 똥은 무슨 향내라도 나고 만병통치약이라도 된다는 걸까. 일본의 문호 아쿠타가와는 이런 말을 한 적이 있다. 귀족들이 더 귀족인 양 굴지 못하는 이유는 그들도 뒷간에 가기 때문이라고. 귀족의 똥 역시 냄새 나는 사람의 똥인 것은 마찬가지다. 작가의 똥이라고 무엇이 더 특별하랴.

하지만, 나는 『십자가의 신비』의 출간을 준비하면서 내 마음속에서 다시 뭉게뭉게 피어오르는 욕구를 느꼈다. 그건 아직 하고 싶은 말, 못다 한 말이 남아 있다는 뜻이었다. 『십자가의 신비』를 통해 하고 싶은 말은 다 했다고 생각했지만 그렇지 않았던 것이다. 출간이 되고 책이 세상에 나오자 허탈한 마음이 밀려들었다. 하고 싶은 말을 더 해야겠는데, 펜은 아직 책상 위에 그대로 놓여 있다. 그걸 들기에는 아직 용기가 부족하다 여겼다. 이제 막 출간된 책이 세상에 말할 때까지 기다려야 한다고 생각했다. 하지만, 마음속에서 꿈틀거리는 무언가는 밖으로 나오려 하고 있었다. 그리고 내가 저항할 사이도 없이 나의 바깥으로 배설되었다. 나는 내 안에서 솟아오르는 무언가를 그렇게 내 몸 밖으로 "토했다."

그건 카타르시스였다. 그건 똥이 아니라 토였던 것이다. 그것은 그야말로 피를 "토하는" 심정으로 하고 싶은 말을 담아 세상에 모습을 드러냈다. 나는 그 토를 블로그에 올리면서 손을 떨었다. 그렇게 이 단편집의 마지막 작품 『천국의 파편』이 완성된 것이다. 블로그의 반응은 뜨거웠다. 얼마 되지 않는 나의 독자들이 이번 기회에 다 들어오신 것 같았다. 연예 가십 등등을 다루는 블로그와는 비교되지 않을 정도의 적은 독자들이지만 그분들은 한 번 들어온 것이 아쉬워 또 들어오고 다시 들어왔다. 난 문학의 본질, 카타르시스의 의미에 대해 그렇게 완전히 새롭게 이해하게 되었다.

시편 62편 8절은 다음과 같이 말한다. "백성들아 시시로 그를 의지하고 그의 앞에 마음을 토하라 하나님은 우리의 피난처시로다." 마음속에 있는 진실로 하고 싶은 말을 토해내는 것, 그것이 바로 문학의 본질이며, 우리의 기도는 그것이 진실하기만 하다면 주님께 드리는 우리의 문학작품인 셈이다. 나는 그러한 마음으로

이 단편집을 준비했다. 이 책은 독자 여러분께 드리는 나의 토이
며 주님께 드리는 진실한 기도처럼 마음속의 진실한 이야기들을
담은 것이다. 문학을 허구라고는 하지만, 문학은 사실이 담아낼
수 없는 진실을 담아내는 위대한 허구이기에 허구라고 말할 수
없는 진실이다.

　이 소설들은 '경계의 소설' 이라 이름 붙이리만큼 기독교 소설
과 일반 소설의 경계를 넘나드는 글들이다. 굳이 그런 소설들을
쓴 이유는 딱히 없다. 그것은 저절로 목구멍을 넘어 나온 토들에
게 물을 말이다. 그 토들이 독자 여러분에게 어떤 대답을 할지는
모르겠지만, 아마 긍정적이고 아름답고 진실한 대답을 할 것이
다. 그럼에도, 이 소설들이 경계의 소설인 이유를 그 토들을 낳은
작가로서 한마디만 한다면 교회가 말하는 교리라는 것이 지긋지
긋했기 때문이다. 교리를 모르면 '내 마음의 주님' 을 만날 수 없
을까? 기독교의 본류라는 유럽으로 유학도 다녀왔고 지난 20년
간 줄곧 신학과 씨름했지만, 내가 얻은 결론은 "교리, 그딴 거 없
이도 주님과 잘만 살겠더라"는 것이었다. 그러니 교리 없이도
"내 마음의 주님"을 만나는 아름다운 길인 이 문학, 이 소설을 즐
겨주시기 바란다. 성서 역시 주님께서 쓰신 문학작품일 뿐더러
굳이 예수께서 비유로 하나님 나라의 비밀을 말씀하셨던 것도 다
그런 이유에서일 것이다. 예수님, 그분은 하나님이시면서 또한

한 사람의 문학도셨다.

　각각의 작품들에 대해 간단히 논평을 좀 하자면, 첫 번째 소설인 「사후세계관광」은 꿈에서 얻은 아이디어로 "사람을 죽이는 쾌락과 사람을 살리는 사랑"에 대해 쓴 것이다. 그리고 「어떤 神」은 사람을 파멸로 몰아넣는 神이 사람의 바깥에 있는 어떤 영적 존재가 아니라 사람 자신의 본성임을 이야기하고자 인간 내면의 惡을 의인화했다. 「정직한 카지노」는 절망의 여행을 떠난 한 젊은 이가 만난 기이한 카지노를 통하여 주님께서는 참으로 믿을만한 분, 참 행복을 주시는 분이시라는 것을 그렸다. 「가족」은 딱히 기독교의 냄새가 나지 않는 일반 소설로서 분단된 한반도의 현실을 삼대에 걸친 한 가족, 네 형제의 이야기에 비유하여 독자 여러분으로 하여금 치열하게 고민하시게끔 여운을 남겼다. 「부자가 되는 세 가지 방법」은 세 형제에게 남긴 아버지의 유언이라는 모티브를 통하여 진정한 부자는 나누어줄 수 있는 행복을 가진 사람임을 말하고자 했다. 개인적으로 문제작이라 여기는 「천형을 받은 사람들」은 故 최은희 작가에게 헌정하는 추모작으로 예술가를 돈으로 모욕하는 현실에 대한 쓴소리 및 감히 예술을 줄 세워 평가하겠다는 사람들에 대한 조롱을 담았다. 「목사들의 동창회」는 닳고 닳은 네 목사가 모여 더러운 수다를 떨며 주님의 십자가와 복음을 모욕하는 장면을 통해 교계를 희화하였다. 마지막으로

「천국의 파편」은 감히 나의 대표작이라 할 슬프고도 아름다운 작품인데, 딱히 뭐라 할 말이 없다. 읽어보시면 알 것이다. 거기서 나는 하나님이 당신의 아들딸들을 어떤 눈으로 바라보시는지 얼마나 사랑하시는지 내가 경험한대로 내가 겪은 대로 내가 본대로 내가 느낀 대로 담담하게 묘사했다. 그리고 우리 소망의 끝은 어떠한 기쁨이며, 어떠한 행복이며, 어떠한 평안인지 말하고자 했다.

이 소설에는 '하나님'과 '하느님'이 혼용되어 있다. 그것은 상황에 따라 적절한 표현을 쓰다 보니 그리된 것이다. 나는 '하나님'이 필요한 자리에는 '하나님'을, '하느님'이 필요한 자리에는 '하느님'을 썼다. 개인적으로는 한국 개신교도 이제 표준어인 '하느님'을 쓰는 것이 옳지 않겠나 생각하고 있지만, 언제 그게 될까? '하느님'을 사용하는 것은 가톨릭에 지고 들어가는 것이 아니라 한국 사람이면 당연히 표준어를 사용해야 한다는 상식을 따르는 것이다. 사족 같지만, 꼭 그렇게 되기를 바란다. 자, 이제 소설을 즐겨 보시라. 은혜도 은혜지만 소설은 우선 재미있어야 하지 않겠는가. 나는 이 소설들이 충분히 은혜로우면서도 충분히 즐거움을 제공하리라 믿는다.

교하지구에서

작가 **이 창 헌** 드림

사후세계관광

사 후 세 계 관 광

죽음을 사고파는 사람들이 있다.
이들은 죽은 뒤 소멸하지 않고
생명을 이어가는 영혼들과 거래하는 사람들이다.
이 영혼들은 몸이 죽은 뒤에 영혼이 남아
영혼의 죽음, 즉 완전한 소멸을 기다리는 영혼들로서
몸은 없지만 마치 몸이 있는 듯
몸이 느끼는 모든 것을 느낄 수 있고
아니 사실 더 뚜렷이 느낄 수 있다.
이들은 아름답고 매혹적인 외모를 가졌다.
왜냐하면, 자기가 되고 싶은 모습으로 보이기 때문이다.
몸에 갇혀 있었을 때는 그들은 되고 싶은 모습이 될 수 없었지만
육체에서 자유로워지면 치명적인 매력을 가진 모습을
원하는 대로 가질 수 있기 때문이다.
그러나 이들에게는 희망도 없고 삶의 기쁨도 없으며
생명력이라든지 설렘 같은 것도 없다.
이들은 일정한 거처도 없고 모여 살지도 않기 때문에
서로 마주칠 일도 없고 마주친다 해도 아무 감정도 없다.
어차피 죽은 사람이며
희망 없는 영혼에 소멸로 달려가는 마당이니까.

난 의식불명의 체험을 했다. 인생의 반 정도 살았다고 생각한 나는 단테가 『신곡』에서 토로했던 것처럼 길을 잃고 혼돈의 시간을 보내던 중이었다. 그곳은 흔히 말하는 사후세계 같은 곳이었다. 내가 갔던 곳은 아마도 그랬던 것 같다. 거기서 난 한 어린 여자와 마주치고 욕망대로 행동했다. 부끄러운 줄도 몰랐는데 그 여자도 나처럼 욕망에 사로잡혀 있었다. 나의 욕망과 그녀의 욕망이 서로 받아들였던 것이다. 그곳은 아무 도덕적 제약도 없고 서로 욕망이 무제한으로 수용되는 곳이었다. 난 그곳에서 이승에서라면 상상도 하지 못할 도덕적 자유를 경험했다. 그리고 난 의식이 돌아왔다.

그 세계…. 그러니까 내가 느꼈던바 사후세계의 기억은 정말 또렷했다. 세상에서 다시 얻지 못할 쾌락에 대한 그 기억 때문에 나는 그곳에 다시 가고 싶었다. 그러나 다시 가는 길은 죽음을 불사해야 하는 길이었다. 자신이 죽을지도 모른다는 두려움과 죽음마저도 불사할 정도의 강한 쾌락을 향한 욕망이 내 안에서 싸웠다.

결국, 난 사후세계에서 보고 들은 것을 바탕으로 돈을 벌 수 있다면 그 번 돈으로 이승에서 쾌락을 살 수 있을 거란 생각에 도달했다. 그리고 그렇게 쾌락을 사면 거기서 경험했던 것 같은 쾌락을 반만이라도 다시 느낄 수 있다고 믿었다. 그건 죽음의 위험을 피하면서도 그와 비슷한 쾌락을 얻을 수 있는, 다시 말해 나 자신의 두 욕망 사이의 타협이었다.

그래서 내가 기획한 것이 사후세계관광이었다. 사후세계관광이라는 것은 간단했다. 사람을 의식불명의 상태로 몇 분만 있게 만들면 되는 일이었다. 난 사후세계에 갔던 기억들을 떠올리면서 며칠간이나 있었는데도 의식을 되찾아보니 단 5분만 기절해 있었던 것에서 아이디어를 얻었다. 단 보통의 실신 수준으로는 되지 않고 호흡이 정지될 정도의 강한 의식불명 상태여야 사후세계에 다녀올 수 있다는 것이 난점이었다. 결국, 이러한 정도의 의식불명을 만들려면 감전이 가장 적절한 방식이었다. 나 자신도 전기를 만지다가 감전되어 인공호흡장치를 통해 살아났으니까. 즉 사후세계를 여행시키려면 전기장치와 인공호흡장치만 있으면 되는 것이었다.

난 시험 삼아 노숙자 한 명을 포섭했다. 난 그에게 미리 준비한 전기장치와 인공호흡장치를 보여주면서 "홍콩에 보내주겠다"고 말하고 나서 그에게 직접 실험을 했다.

"당신은 앞으로 4박5일간의 사후세계관광을 다녀오게 될 겁니다. 거기서는 뭐든지 할 수 있습니다. 죽은 영혼들이 마치 최고급 유흥주점의 아가씨들처럼 다들 너무나 매혹적이죠. 게다가 그들은 욕망으로 가득 차 있고 희망이라곤 없어서 방금 갓 이승에서 온 당신의 생기가 그들의 유일한 희망입니다. 그 생기만 있으면 당신은 어떤 영혼이든 간에 당신이 원하는 대로 하게 만들 수 있을 겁니다. 당신은 그 생기를 화폐처럼 사용하게 될 겁니다. 원하는 만큼 원하는 아가씨들과 즐기세요. 거기서 느끼는 쾌락은 이승에서의 열 배쯤 될 겁니다. 그럼 즐거운 여행 되시기 바랍니다."

그렇게 노숙자 아무개 씨는 5분간 아니 4박5일간의 사후세계 여행을 다녀왔다. 그는 잊을 수 없는 짜릿함과 이전보다 더한 허무감을 경험했다. 난 그에게 왜 그런지 설명해 주었다. "아마 그건 생기를 그들에게 주고 쾌락을 얻었기 때문일 겁니다." 사후세계에는 쾌감은 있었지만 즐거움이나 기쁨 같은 것은 어디에도 없었다. 그곳은 마치 기쁨이라는 개념 자체가 아예 없는 곳이었고 그곳에 일단 가게 되면 기쁨이라는 개념 자체를 잊게 된다. 마치 원래 세상에 기쁨이나 슬픔이란 것 자체가 없는 듯 그곳에 가면 그런 것들을 다 잊게 된다. 거기는 그런 것들이 존재할 만큼 생기 있는 곳이 아니다. 죽은 자들은 기쁨도 슬픔도 느끼지 못한다. 그저 생기에 대한 욕망과 도덕으로부터의 자유 그리고 습관적으로 반복되는 쾌락만 있을 뿐.

중요한 건 사후세계의 쾌락을 잊지 못하던 노숙자 아무개 씨가 다시 거기에 가고 싶어 했다는 것이다. 난 이 강렬한 중독을 팔기로 했다. 그리고 노숙자 아무개 씨에게 더 경험하고 싶으면 돈을 가져오라고 말했다. 그러자 그는 술 취한 행인을 퍽치기해서 돈을 마련해왔다. 사후세계관광업은 그렇게 시작되었다. 난 이 사업에 〈우울증 전기치료〉라는 이름을 붙였다. 물론 불법이었다.

사업은 날개 돋친 듯 번창했다. 그곳에 갔다 온 사람들은 한두 번으로 그치는 법이 없었다. 그리고 자기처럼 공허한 인생을 사는 사람들을 줄줄이 달고 들어왔다. 불법만 아니었다면 제대로 사업장을 차려놓을 수 있으련만. 하지만, 검은 천을 덮은 비닐하우스에도 사람들은 찾아왔다. 마치 신선한 딸기나 참외를 맛보려 멀리서 고급 차를 몰고 사람이 찾아오듯이 돈 좀 있고 인생이 지겨운 사람들이 끊임없이 몰려들었다. 반년이 지나자 난 제대로 된 건물을 올릴 수 있었다. 남들은 그곳을 단지 전원에 세운 장급 여관쯤으로 여겼겠지만, 객실에서는 사후세계관광이 성업 중이었다. 세상이 눈치 채지 못하게 허름하게 지은 이 장급 여관이 벌어들이는 수입은 정식으로 투숙객들을 받아 벌어들이는 명목상 수입의 몇십 배였다. 물론 그건 세금을 내지 않아도 되는 알짜배기 수입이었다.

난 노숙자 중에 사람을 골라서 여관을 맡기고는 내가 하고 싶었던 일을 시작했다. 그건 사후세계에서 맛보았던 쾌락에 완전히 몸이 달아 있던 내가 그 쾌락의 기억을 더듬어가려는 것이었다. 하지만, 정말 내가 원하던 것을 얻기에는 사람들의 욕망은 순수하지 못했다. 사후세계의 여자들이 원하는 것은 오직 나 자신이었지만 이승에서 세상이 나에게 원하는 것은 내가 아니었다. 그들이 원하는 것은 돈뿐이었다. 뭔가 더 필요하다면 항상 돈을 내라고 했다. 그리고 돈을 주었지만, 그들은 내가 만족하지 못하면 오히려 화를 내면서 "그 정도 돈으로 바라는 것도 많으셔?" 하며 나를 조롱했다. 여자들을 아무리 많이 사서 아무리 더러운 짓을 해 보려고 해도 기분이 나지 않았다. 그건 이미 멸시받는 욕망이었고 그런 경멸의 눈을 쳐다보면서 얻어지는 것이 쾌락일 리도 없었다.

난 그 세계를 그리워했다. 거기에서 나를 경멸하는 여인은 한 사람도 없었다. 나의 욕망을 더럽고 치사하다고 매도하는 이도 없었다. 난 다시 여관으로 돌아왔다. 그리고 직원에게 나를 그곳으로 보내달라고 했다. 내가 시작한 사업에 이미 나도 엮여 들어가 있었다. 내 직원에게 관광을 보내달라고 할 때 내가 줘야 할 돈이 따로 없다는 것 외에는 다른 것이 없었다.

난 다시 의식불명 상태로 들어갔다. 그런데 놀라운 일이 있었다. 이미 사후세계가 많이 개발되어 있었던 것이다. 관광지로 가는 열차가 있었으며 열차를 타고 사후세계 관광지까지 가니 역이 여러 개 있어서 날마다 다른 역에서 내려서 새로운 관광을 할 수가 있었고 역에 내리니 오픈카가 준비된 것이 아닌가? 물론 모든 것이 공짜였고 그것을 이용하는 사람은 생기를 가진 영혼이기 때문에 그가 이용하는 모든 것에 자신의 생기를 자동 지급하는 것이나 마찬가지였다. '이런 것들을 누가 준비하고 어떻게 준비한 것일까?' 나는 궁금하기 짝이 없었다. 더 놀라운 것은 역마다 간이식당이 있어서 도시락을 팔고 있었다는 것이다.

역들은 아직 왁자지껄한 관광지 수준은 아니었다. 이승으로 말하자면 샛강이 있는 제방 근처의 유원지 정도랄까? 영혼들이 숙박하는 집들만 조금 있었고 약간의 쇼핑 공간 같은 것이 있는 정도였다. 영혼들끼리 데이트할 때 필요한 것들이었다. 그러고 보니 간간이 데이트하는 남녀영혼들이 눈에 띄었다. 다들 그렇게 아름답고 날씬할 수 없었고 이승에서 가장 예쁜 여자도 여기에서는 가장 못생긴 여자라고 생각될 정도였다.

난 파란색 오픈카—좀 촌스러웠다—를 타고 근처를 드라이브했다. 마치 물감으로 그린 것 같은 풀과 꽃들이 인상파 화가들의 작품처럼 주변에 흐드러져 있었지만 마치 실제가 아니라 누가 그려 놓은 것 같았다. 햇빛도 어슴푸레했고 모든 것이 파스텔로 그려 놓은 듯 흐릿했다.

그러나 영혼들만큼은 흐릿하지 않았다. 그들은 다 실제였기 때문이다. 다른 건 그려놓았든 뭔가로 설치해 놓았든 진짜 같지는 않았지만, 영혼들은 진짜였고 정말 욕망을 넘어서 로맨스와 설렘을 불러일으킬 정도로 매력적이었다. 특히 여자 영혼들은 어리고 작고 예쁘고 가녀렸으며 여성스럽고 발랄하기까지 했다. 난 한 여성의 영혼에 뻔뻔하게도 하룻밤 자기를 요청했다. 그러자 그 여성 옆에 있던 두 친구가 자기들도 끼워달라고 했다. 그래서 난 여관으로 들어가 돈 같은 것은 지급할 필요도 없이 큰 온돌방을 하나 얻어서 그들과 질펀한 시간을 보냈다. 나는 여자와 자본 일도 있었고 동거도 해본 적 있었지만 그런 쾌락은 느껴본 적이 없었다. 더 신기한 것은 자기보다 이 여자들이 무언가 더 강한 쾌감을 느끼는 것 같았다는 점이었다. 즉 자신보다 이 여자들이 더 원하는 것을 얻고 있다는 느낌이었다. 그래서 난 일을 마친 후 여자들에게 물어보았다.

"도대체 당신들이 그렇게 좋아하는 이유가 뭐죠?"

"그건 당신의 생기 때문이죠. 우리는 생기가 거의 없는 죽은 영혼들이에요. 그리고 이 생기를 다 잃고 나면 우리는 소멸하고 없어져요. 방금 우리는 당신의 생기를 받아먹고 우리의 소멸시한을 연장했어요. 그리고 마치 살아있는 것 같은 기분을 맛보게 돼요. 물론 그럼으로써 당신의 생기는 줄어들겠죠. 하지만, 걱정할 건 없어요. 우리가 1년 더 산다고 당신이 1년 덜 사는 건 아니니까.”

“그럼 내가 잃는 건?”

“아마 행복감? 당신이 당신의 세상으로 돌아가면 전보다 훨씬 더 무기력하고 허무해지겠죠. 지금 여기 떠도는 영혼들처럼.”

“그렇군. 나는 행복감을 팔아서 쾌락을 사는 것이로군.”

“당신들이 원하는 것과 우리가 원하는 것이 딱 맞아떨어지니까 서로 좋은 거네요.”

사후세계의 여성들과 관계하고 난 후의 좋은 점은 죄책감이 없다는 점 그리고 뒷감당을 전혀 할 필요가 없다는 점이었다. 무엇보다도 이 여자들이 이런 부도덕한 관계를 맺고 나서 이승에서처럼 괴로워하기는커녕 잠깐 행복해한다는 점이었다. 이 허무하고 기쁨과 슬픔도 없는 사후세계에서 관계 후에 잠깐 영혼들이 행복해하는 것을 보니 신기할 따름이었을 뿐만 아니라 약간의 보람마저도 느껴졌다. 부도덕한 일을 하고 나서 보람을 느끼다니…. 이승에서는 절대로 있을 수 없는 일이었다. 이들의 발랄함은 원래 사후세계에는 없었다. 사후세계 관광길이 열리고 난 후부터 이곳의 사후영혼들은 원래 가질 수 없는 발랄함을 가지게 된 특별한 영혼들이 되었다.

난 그 세 여자 중 하나와 사귀고 싶어졌다. 너무나 내 이상형에 가까웠기에 남은 나흘을 그녀하고만 지냈다. 물론 나흘 밤낮을 그녀와 뒹굴었음은 물론이다. 간간이 그녀와 함께 외출을 하면 사실 갈 곳은 많지 않았다. 나는 파란색 오픈카에 그녀를 태우고 역의 간이식당에 가서 도시락을 사먹었다. 아니 그냥 달라고 하면 줘서 먹었다.

"이 도시락은 이승에서의 도시락 맛의 열 배정도로 맛있는 걸. 그리고 아무리 많이 먹어도 배부르지 않고 질리지도 않아. 하나 더 주세요."

"그건 당신이 실제로 음식을 먹는 게 아니기 때문이에요. 당신은 맛만 느낄 뿐이죠."

"그렇군. 마치 내가 당신과 관계를 할 때 실제 사람하고 하는 것이 아닌 것처럼. 그런데 이 모든 것을 누가 만들었지?"

"나는 잘 몰라요. 하지만, 어느 날 갑자기 쑥하고 생겨나죠. 그렇게 된 것이 지금 이렇게 관광지가 된 거예요. 여기서 진짜는 저 샛강하고 제방 그리고 풀들뿐이죠. 우리는 원래 샛강에서 물놀이 하다가 빠져 죽은 영혼들이에요."

섬뜩했다. 난 그녀와의 대화를 통해 몇 가지 신기한 사실을 알아냈다. 이곳은 사람들이 물놀이하느라고 계속 빠져 죽자 사람이 들어가지 못하게 통제된 곳이었고 그래서 영혼들이 모여들기 좋은 곳이었다. 원래 영혼들은 사람들이 있는 곳에는 나타나지 않는다고 했다. 알려진 여러 전설과는 달리 영혼들은 사람들을 두려워한다고 했다. 그녀의 말에 따르면 영혼들은 자기가 왜 죽었는지만 기억할 수 있을 뿐 죽기 전에 자기가 누구였는지에 대한 기억은 다 잊어버린다. 아주 한이 맺힌 영혼들만이 자신의 죽음의 원인을 제공한 사람을 기억해서 그에게 복수한다는 것이다.

"그럼 제사를 지내는 사람들은 헛 지내는 거란 말야?"

"그렇다고 할 수 있겠네요. 자기가 누구였는지 자기 아들딸이 누군지 모르는데 그 집에서 제사를 드린다고 그 집 제삿밥을 찾아 먹을 수나 있겠어요? 구천에 떠도는 신세가 되는 거죠, 자기가 누군지도 모른 채…. 그러니 당신 같은 사람이 얼마나 반갑겠어요? 당신은 저의 첫사랑인 셈이에요."

첫사랑이라고 하니까 마음에 울컥하는 것이 올라왔다. 마치 이 여자를 책임지고 싶은 마음이랄까…. 순정이랄까…. 잊고 있었던 순정이 올라오면서 여기서 이 여자와 살고 싶다는 생각이 들었지만 이제 가야 할 시간이었다.

"이름이 뭐야? 나중에 다시 올 때 당신 이름을 부르려면 이름을 알아야지."

"여긴 아무도 이름 같은 것 없어요. 정 이름을 부르고 싶으면 부르고 싶은 대로 부르세요."

난 그녀에게 '수지' 라는 이름을 붙여주었다. 그냥 처음 머릿속에 떠오른 이름이 수지였다. 그건 내 첫사랑의 이름이거나 동거

했던 여자의 이름도 아니었다. 그냥 좀 고급스러운 이름을 붙여 주고 싶었고 내가 아는 여자 이름 중에 그나마 품위 있어 보이는 이름이었다. 난 그녀와 마지막 사랑을 불태웠다. 몸과 마음이 모두 타서 녹아버리는 듯했다. 나의 모든 정기가 빠져나가는 것을 느끼며 난 일생일대의 황홀경에 빠져들었다. 나를 잊고 내 앞의 그녀조차 잊을 정도로 강렬한 쾌감을 경험했다. 그리고 그 세계에서 빠져나왔다. 이승에서의 5분이 다 지나 난 다시 우중충한 이승의 현실로 돌아왔다. 방 안은 어두웠고 창문을 통해 내려다본 바깥세상은 그보다 더 어두웠다. 난 방에서 나와 여관 입구에 서서 담배를 피워 물었다. 관광을 마치고 얼이 빠진 상태로 걸어 나오는 사람들을 볼 수 있었다. 잠시 전 나와 같은 곳에서 거닐었던 사람들이었다. 그들의 얼굴은 나보다 더 불행해 보였다. 왠지는 모르지만 내겐 전에 없던 만족감이 남아 있었다.

다시 돌아온 세상은 나에게 그렇게 불친절할 수가 없었다. 잠깐 들른 구멍가게 아줌마조차도 그렇게 매몰찰 수가 없었다. 내가 특별히 무슨 잘못을 했나 싶어, "제가 무슨 잘못을 했나요?"라고 물어보기도 했다. 하지만, 나에게 돌아온 것은 '무슨 이런 미친놈이 다 있어? 라는 표정의 사나운 눈초리였다. 사람이 많은 곳으로 가 보니 소외감은 더 커졌다. 사람들은 뭐가 그렇게 즐거운지 자기들끼리 웃으며 떠들고 있었다. 내가 보니, 하나도 재미있는 일이 아니었다. 난 세상에서 아무 재미도 느끼지 못하는 영혼의 불감증에 빠져 있었다. 아무 즐거움도 행복도 심지어 고통조차도 느끼지 못하는 걸어 다니는 시체였다. 팔 뒤를 꼬집어보았다. 사람의 살 중에서 가장 통각이 많이 분포한다는 그곳을 꼬집었지만 난 아픔을 느끼지 못했다. 나의 감각, 나의 쾌락, 나의 고통 그 모든 것은 실제보다 더 실제 같은 저쪽 세상에 있었고 이쪽 세상은 나에게 차라리 꿈이었다.

다시 수지를 보러 저세상으로 가야 했다. 난 다시 내 여관을 찾았다. 그리고 직원에게 다시 그곳으로 가야겠다고 말했다. 그런데 직원 – 그도 한때 노숙자였다 – 은 뜬금없는 말을 꺼냈다.

"저…. 사장님. 드릴 말씀이 있습니다."

"뭔데? 나 급해. 얼른 말하고 보내 줘."

"이번 주에만 두 사람이 여관에서 자살했습니다."

"뭐?"

"사장님께서 여관을 비우신 사이에 사람들이 좀 많이 죽었는데요. 제가 알아서 처리하긴 했지만, 너무 자주 죽어서 경찰에서 이상하게 생각하는 것 같더라고요."

"경찰이 뭐래?"

"여기 혹시 마약 하는 데 아니냐… 그러던데요?"

나는 정신이 번쩍 들었다. 경찰이 뭔가 냄새를 맡은 것이 틀림

없었다. 죽음보다도 허무보다도 자살보다도 더 무서운 것은 현실의 감옥이었다. 이 사업에 대해 경찰이 조금이라도 눈치 채는 날에는… 남은 평생을 감옥에서 썩으면서 이 세상에서도 저 세상에서도 맛보지 못할 지독한 고통을 경험하게 될 참이었다. 일단 살고 봐야 했다. 직원에게는 단단히 입단속을 시키고 돈을 좀 들려서 어디 좀 피해 있으라고 했다. 그리고 전기장치와 인공호흡장치를 불에 태우고 나서 인근 폐차장에 버렸다. 여관에는 휴업공지를 내걸었다. 〈우울증 전기치료〉는 그렇게 무기한 휴업에 들어갔고 난 산골 오지의 한 팬션에 장기 투숙했다. 수지가 보고 싶었고 저쪽 세상이 그리웠지만 그런 생각을 할 때가 아니었다.

　산골에서는 텔레비전을 보는 일 외에는 특별히 할 일이 없었다. 마음은 초조했고 쾌락으로 중독된 몸은 엄습하는 우울증과 더불어 날 힘들게 했다. 팬션에 장기 투숙하는 사람은 나 외에는 없었기 때문에 나는 자연스럽게 팬션 주인댁과 친해졌다. 주인의 미심쩍어하는 눈길이 좀 부담스럽기는 했지만 주인 가족은 날 의심하지 않았다. 난 나 자신을 장편소설을 쓰는 작가라고 소개했고 그것이 그들이 날 호의적으로 대하게 하는 이유가 되었다. 실제로 난 책상에 앉아 뭔가 쓰는 시늉을 했다. 내가 썼던 것은 사업 구상이었다. 어떻게 해서든 이 사업을 다시 살려서 수지를 만나고 돈도 벌어야 했다. 하지만, 난 이 사업을 계속 할 수 없으리라는 것을 알고 있었다. 이것을 계속하려면 관에 연결된 끈이 있어야 했다.

산골에서 한 달 정도 지내니 몸이 회복되는 것을 느꼈다. 간간이 나무 장작도 패고 허드렛일도 좀 하니 몸도 좋아졌고 무엇보다도 가끔 찾아오는 팬션 집 딸이 나에게 호감을 느끼는 것 같아 마음도 편했다. 나에게 늘 적대적이기만 했던 세상이 참으로 오랜만에 나에게 웃음 짓고 있었던 것이다. 그러고 보니 그녀는 어딘가 수지를 닮은 데가 있었다. 굳이 콕 찍어서 말할 수는 없어도 전체적인 분위기가 그랬다. 난 수지를 잊어가는 죄책감과 현실에서 늘 볼 수 있는 대상에 정을 붙이는 안도감을 함께 느꼈다. 그건 불법도 아니었고 부도덕한 것도 아니었으니까. 이제 갓 스무 살을 넘긴 수수한 그녀는 학교에 다니고 있다고 했다. 주말마다 부모가 운영하는 팬션에 들렀고 방학 때면 더 오래 거기 머물렀다. 그리고 그때는 마침 방학이었다. 그녀와 난 자연스럽게 친해졌고 수지에 대한 죄책감도 더 깊어졌다.

그러던 중 직원에게 전화가 왔다.

"사장님. 고객들이 더는 못 기다리겠답니다."

"뭐?"

"다시 사업을 개시하시든지 아니면 사업권을 넘겨달라는데요."

"사업권을 넘겨줘? 누구 마음대로?"

"안 넘겨주면 지옥 끝까지라도 찾아가겠다고 협박을 하는 통에…."

"그래서?"

"죄송합니다. 사장님. 저 이제 그쪽하고 일하게 됐습니다."

그 직원은 사람을 저 세상에 보냈다가 다시 돌아오게 하는 노하우를 알고 있었다. 그들은 그 녀석을 협박해서 자기들끼리 사업을 하겠다는 것이었다. 결국, 이런 불법적인 일은 조폭이 개입해서 날름 삼켜버리는 것이 당연지사였다. 조폭들은 대개 경찰하고 붙어먹고 있으니까 단속도 피할 수 있을 것이다. 선택의 여지가 없었다.

"알았으니까 더는 연락하지 마. 내 전화번호 통화기록 다 지우고. 나머진 네가 다 알아서 해."

자의 반 타의 반 〈우울증 전기치료〉 사업에서 그렇게 손을 떼긴 했지만 난 마음이 개운치 않았다. 결국, 수지를 다시 만나지도 못하고 여기서 다 끝나버리고 마는가….

펜션에서 석 달을 머무르자 돈이 다 떨어졌다. 돈을 찾으려고 산에서 내려가야 했다. 내려간 김에 폐쇄되어 있던 여관 건물도 부동산에 맡길 참이었다. 건물을 아직 쓸 만하니까 매물로 내 놓으면 누군가 얼른 살 것이다. 차를 몰고 몇 시간을 달려서 난 내 건물에 도착했다. 그곳은 아직도 여전히 폐쇄되어 있었다. 하지만, 난 거기서 누군가를 만났다.

"이리로 언젠가는 올 줄 알았습니다. 직원 휴대폰에 당신 번호가 없더군요. 통화기록까지 싹 다 지우게 한 건 당신이죠?"

"누구시죠?"

"따라오세요."

그들은 나를 잡아다가 억지로 차에 태우고 달렸다. 어딘지 모를 비닐하우스 안에서 난 눈을 가린 수건을 풀 수 있었다. 그곳이 어딘지는 말해 주지 않아도 알 수 있었다. 그곳은 새로 개설된 〈우울증 전기치료〉 사업장이었다.

"얼마 전에 당신의 직원이었던 사람이 자살했습니다."

"네?"

충격적인 소식이었다. 그제야 난 알 수 있었다. 이건 자살을 부르는 사업이었다. 여기에 개입되는 사람은 십중팔구 스스로 목숨을 끊는 것이다. 난 그 이유도 짐작할 수 있었다. 그들은 더는 이승에서의 삶에서 아무런 흥미도 느끼지 못하고 스스로 목숨을 끊고 만다. 영원히 그 세상으로 가려고. 하지만, 그들이 모르는 것이 있다. 완전히 죽은 사람은 생기를 갈구하는 비참한 영혼이 되어 구천을 떠돈다는 것을. 그리고 소멸하여 버린다는 것을. 난 죽은 사람들에게 미안함을 느꼈다.

"이제 당신이 이 사업의 노하우를 우리에게 알려 주셔야겠습
니다."

"이건 내 사업인데요?"

"우린 당신의 사업권을 넘겨받았습니다. 당신이 넘겨준다고
했고요."

"나한테 직접 들었나요? 난 그런 말을 한 기억이 없는데요."

"세게 나오시는군요. 그렇다면, 우리도 가만히 있지는 않을 겁
니다."

그들은 조폭이었다. 난 내 사업을 그들에게 전수하는 일을 강
요받고 있었다. 그들에게 조건을 제시했다.

"30퍼센트."

그러자 그들이 무슨 말인지 알아듣고는 그들의 조건으로 맞받
아쳤다. 터무니없는 조건이었다.

"3퍼센트."

"내가 노하우를 안 가르쳐준다면?"

"그럼 우리가 직접 당신에게 실험하는 수밖에."

"그 직원에게서 아무것도 못 배웠나 보죠?"

"그렇게 빨리 죽어버릴지 몰랐거든."

그건 욕망이었고 그리움이었다. 수지를 한 번만 더 만나보고
싶은 마음…. 난 수지에게 이번이 마지막이라는 것을 알려야 했

다. 그녀는 꿈속의 존재가 아니라 실체였기에.

"그럼 날 대상으로 한번 실험해서 터득해 보든가."

"3퍼센트조차도 못 받을 텐데?"

"나도 오랜만에 한번 거기 가보고 싶었거든."

그들은 나를 눕히고 실험을 시작했다. 감전은 고통스러운 것이었다. 난 호흡이 끊어지지 않아 몇 분간 살이 타들어가는 고통을 참아야 했다. 한 번에 호흡이 딱 끊어지면 좋으련만 그들은 자꾸 전압을 높이기만 했다. 잘못하다가 뇌를 다치면 다시 돌아올 수도 없다는 것을 그들도 알고 있었고 그래서 전압을 천천히 올린 것이었다. 어느 순간 나는 익숙한 풍경이 펼쳐지는 것을 경험할 수 있었다. 찬란한 빛이 나타났다. 이제 난 잠시 죽은 것이다. 그리고 그들이 5분 후에 다시 살리는 것에 실패한다면 이곳에 정착할 운명이었다.

난 애타게 수지를 찾아 헤맸다. 수지가 있던 역에서 내려서 수지를 찾았지만, 그녀는 없었다. 역은 많이 개발되어 있었다. 그동안 조폭들이 사업을 넘겨받으면서 사람들을 많이도 보냈던 모양이다. 도대체 이 건물들과 술집들, 그리고 도박장들, 자동차들은 누가 만든 걸까. 고즈넉하던 예전과는 달리 도시의 유흥가처럼 변해버린 이곳을 보면서 난 안타까웠다. 전에는 심심하기는 했지만 나름대로 낭만이 있던 장소가 아닌가. 난 조폭들과 그들 고객이 만든 싸구려 세상을 바라보며 영혼들의 세상을 만드는 것은 산 사람의 상상력이라는 것을 깨달았다. 그 건물들은 어느 날 불쑥 생겨난 것이 아니라 이곳을 찾은 사람들의 상상력에 의해 생겨난 것이었다. 상상력에서 비롯된 것이 아닌 실체는 샛강과 제방 그리고 사람들이 들어오지 못하게 막아놓은 철조망이었을 뿐. 조폭들이 모집한 졸부들의 상상력은 예상에서 한 치도 벗어나지 않았고 그건 아무 신비함도 없는, 조악한 난잡함 이상의 아무것도 아니었다.

난 그 역 주변에서 수지를 찾을 수 없었다. 수지는 어디로 간 것일까? 수지보다 예쁘고 야리야리한 영혼들이 눈짓을 보내고 거부할 수 없는 웃음을 짓고 있었지만 난 마음이 바빴다. 직원이 자살한 이후 이곳에는 손님이 없어서 영혼들이 많이 굶주려 있는 듯했다. 점점 더 많은 영혼이 나를 둘러쌌다. 그들은 모두 다 나를 원하고 있었다. 나는 보는 영혼들에 다 "수지는 어디 있나요?" 하고 물었지만, 그들은 대답하지 않았다. 그들은 수지라는 이름이 누구의 것인지조차 몰랐다. 그 많은 영혼 가운데 수지는 없었다. 마음이 초조해서 터질 것만 같았다. 수지에게 이별을 고하러 왔는데 이별을 고할 수조차 없다니….

난 허탈한 마음으로 길을 걸었다. 영혼들은 나에게서 아무것도 얻을 수 없다는 것을 알았다는 듯 흩어지기 시작했지만 한 여자는 끈질기게 내 옆을 지키며 한참을 나와 같이 걸었다. 그녀에게 뭔가 물어보면 답을 얻을 수 있을지도 모른다는 생각이 들어, 난 고개를 돌려 그녀를 향해 입을 열었다.

"혹시 영혼이 소멸하고 나면 어떻게 되나요?"

"그걸 가르쳐 주면 나하고 잘래요?"

"그러리다."

"영혼이 소멸하고 나면 그 영혼은 완전히 사라져요. 영혼이 살아 있었다는 흔적조차 없어지죠. 영혼은 몸이 없으니까 오직 기억에만 남아 있을 뿐 무덤도 없고 장례식도 없죠. 하지만, 누군가는 그러더군요. 영혼은 사라진 것처럼 보이지만 사실은 신의 심판을 받으려고 어딘가로 가는 거라고…."

"혹시 이리이리하고 저리저리하게 생긴 영혼이 최근에 있다가 사라지지 않았나요?"

난 수지의 인상착의를 그녀에게 설명했다. 그녀가 소멸하지 않았기만을 바랐지만…. 언제나 사람은 예상하던 대답을 듣고야 마는 법이다. 때로 사람의 직감이 오감보다 정확하다 하지 않던가.

"당신이 말하던 수지라는 여자가 그녀였군요. 그녀는 얼마 전에 소멸하여 사라졌어요. 유감이네요."

청천벽력 같은 소식이었다. 난 그 자리에 주저앉았다. 그리고 한참을 일어설 수 없었다.

"그녀가 남긴 말이 있어요."

"……."

"그녀는 자기에게 이름을 지어준 사람은 당신이 처음이라고 말했어요. 당신이 그 사람일 거로 생각하고 따라왔는데 내가 맞았네요. 그녀는 당신을 잊지 못해서 다른 사람을 받지 않다가 결국 생기를 다 잃고 소멸한 거예요. 그녀는 당신이 그 마음을 알아주었으면 더 바랄 것이 없다고, 그 사람이 오면 꼭 전해달라고 했어요."

슬픔이 밀려와야 정상인 상황이었다. 하지만, 나는 이곳이 슬픔이란 없는 곳이라는 것을 깨달았다. 거기에는 기쁨도 슬픔도 없었다. 마음의 고통도 없었다. 그저 절망, 허탈함이 나를 일어서지 못하게 했다. 그리고 나는 그 공허감을 달래려고 죄책감도 잊은 채 수지의 소식을 전해 준 그녀를 안았다. 수지에게서 느꼈던 것과 같은 것 아니 더한 것을 느끼려고 그녀를 안았고 품었지만… 나는 같은 것을 얻을 수 없었다. 거기엔 사랑이 없었고 오직 쾌감만 있었다. 죄책감은 없어지지 않고 더 심해졌다. 몇 번이고 다시 행위를 시도했지만 목마름은 해소되지 않았다. 난 그제야 깨달을 수 있었다. 난 중독된 것이 아니라 사랑을 찾아 여기에 왔다는 것이었다. 사람을 만족하게 하는 것은 쾌락이 아니라 사랑이었다. 그리고 난 그게 뭔지 수지가 없어지고 난 다음에야 깨달았다.

"수지가 당신을 사랑한 이유를 알겠네요. 당신은 이곳에 어울리지 않는 사람이에요. 이승으로 가서 수지 같은 여자를 찾으세요. 그리고 다시 오지 말고 이승에서 행복하게 사세요."

그녀는 그렇게 말하고 가버렸다. 홀로 남은 나에게 시간은 너무 천천히 갔다. 수지를 잃고 나니 어떤 다른 여자에게서도 마음의 공허를 채울 수 없었다. 난 아무 할 일도 없이 4일을 보냈다. 호텔 방에서 나가지도 않았다. 먹지도 마시지도 않고 아무것도 하지 않았다. 번쩍거리는 조명들로 가득한 이 유흥지에서 난 어서 벗어나고 싶었다.

시간이 되자 나는 다시 이승으로 되돌아왔다. 그 실험이 그들을 만족하게 했던지 난 다행히 풀려날 수 있었다. 그들은 나에게 푼돈을 주머니에 찔러 넣어 주었다. 그것뿐이었지만 나 역시 그들에게 제시했던 30퍼센트는 애초에 받을 생각이 없었다. 내가 원했던 건 단지 수지를 만나는 것이었으니까.

나는 건물을 처분하고 다시 팬션으로 돌아갔다. 그곳에서는 나와 막 친해진 어린 그녀가 날 기다리고 있었다. 얼마나 다행인지 몰랐다. 날 기다리는 사람을 더는 실망시키지 않겠다는 마음이 저절로 생겨났다. 이제 더는 사랑을 몰라보지도 않을 것이고 기회를 놓치고 싶지도 않았다. 차에서 내린 난 뛰어나가 그녀를 안고 한 바퀴 돌았다. 사람을 살아가게 하는 유일한 희망, 유일한 힘이 사랑이라는 것을 알았기에. 영문도 모르는 어린 그녀는 아이처럼 좋아하기만 했다. 수지에게 해 주지 못한 것을 그녀에게 해 주고픈 마음이 솟아났다. 그렇게 함으로써 난 삶을 지배하는 허무의 힘을 이기고 행복하게 살고 싶었다. 그러고 보니 그녀가 수지를 닮은 것 같기도 했다. 하지만, 닮지 않았어도 상관없었다. 그렇게 난 다시 살 힘을 얻었으니까. 참 그리고 나 때문에 자살의 길로 달려간 분들에게 죄송하다는 말씀을 전한다. 변명하자면 그때는 정말 모르고 그랬다는 것이다. 〈우울증 전기치료〉 말고도 인간을 중독 시키고 죽음의 길로 이끄는 일들이 세상에는 많이 있다. 그것들은 인간에게서 생기를 빼앗아가며 그것에 빠진 당신에게는 허무와 죽음이 기다리고 있나니. 거기서 벗어나는 길은 딱 하나 사랑뿐이다. 믿거나 말거나⋯.

어떤 神

애야, 내 얘기 좀 들어 보거라. 넌 아직 갓난아기라 내 말을 이해하지는 못하겠지만 네가 크면 내가 한 말의 뜻을 살아가면서 깨닫게 될 거란다. 난 너에게 올바르고 행복하게 사는 법을 가르쳐 주고 싶다만 그렇게 하려면 우선 네가 피해야 할 것이 무엇인지부터 알아야 한단다. 어른들은 너에게 올바르고 유익한 이야기를 해 주기보다는 너를 이용해서 자기들의 신을 기쁘게 해 주고자 할 거야. 하지만, 넌 알아야 한단다. 그들이 섬기는 신이 너를 불행하게 만들 거야. 그러니 그 신에 대해서 너에게 말해 주어야겠다. 그러니 잘 들어. 알았지? 예쁘구나. 좀 졸리더라도 울거나 보채지 말고 이제 들어보렴.

옛날 옛적에 어떤 신이 살고 있었단다. 그 신은 처음에는 아주 작았단다. 사람들은 그 작고 귀여운 신이 전혀 위험하지 않다고 생각했지. 하지만, 그 신은 점차 자신의 크기를 키워갔어. 사람들이 이 땅에 생겨나서 서서히 많아지자 그 신의 크기도 그에 따라 점점 커져갔단다.

어느 날, 이 신은 사람들의 마음에 속삭였지. 아름답고 웅장한 건축물을 세우자고. 그래서 사람들은 이 신의 속삭임에 따라 커다란 건축물을 세우기 시작했어. 우선 자기들을 다스리는 지혜로운 사람들에게 "우리를 위한 큰 신전을 지어주시오"하고 부탁했지. 그러자 지혜로운 사람들은 이렇게 대답했단다. "여러분이 뭘 모르시나 본데 큰 신전을 지으려면 여러분의 시간과 노력이 필요하고 그렇게 되면 여러분은 가족과 떨어져 신전 짓는 일에 매달려야 합니다." 하지만 사람들은 그건 괜찮다고 했어. 항상 가족과 시간을 보내야 했던 남자들은 "애 보는 것도 지겹고 마누라 등쌀도 지겹소. 이제 우리끼리 뭔가 멋진 것을 한번 만들어 봅시다"라고 말했지. 그러자 지혜로운 사람들이 대답했어. "할 수 없지요. 우리는 하지에 해가 뜰 때 그리고 동지에 해가 질 때 우리가 신에게 기도할 수 있는 신전을 짓겠습니다." 그렇게 해서 사람들은 신전에 지었어. 신전을 짓는 일은 무척 어려운 일이었단다. 먼데서 돌을 깎아서 운반해 와야 했거든. 그리고 그 돌을 쌓아서 높은 신전을 만들어야 했지. 사람들은 돌을 옮기는 중에 돌에 깔려 죽기도 했어. 그러는 사이에 신전은 완성되었지만, 사람들은 새로운 사실을 알게 되었지. 이제부터 그 지혜로운 사람들의 말을 듣지 않으면 신의 이름으로 처단된다는 사실을 말이야.

신은 세상 곳곳에 이런 신전들을 짓게 했어. 그리고 지혜로운 사람들이 새로운 지배자가 되어 사람들을 마음껏 부리게 했지. 신은 그런 인간 세상의 모습을 보면서 즐거워했어. 이 신은 사람들을 별로 사랑하지 않았거든. 사람들이 불행해 하는 것을 보며 이 신은 아주 기뻐했단다. 하지만, 시간이 지나면서 사람들의 불행을 보면서도 시큰둥했어. "더 재미난 것은 없을까?" 신은 궁리했지. 그러다가 아주 획기적인 아이디어를 생각해 냈어. 사람들을 더 불행하게 만드는 방법을 말이야. 신은 지배자들에게 이렇게 말했어. "사람의 피가 먹고 싶다." 그러자 지배자들은 사람들을 잡아다가 신전에서 그 신에게 제물로 바쳤어. 그제야 신은 만족했지. 사실 그 신이 먹고 싶었던 건 사람들의 피가 아니라 사람들의 울부짖음과 불행에 몸부림치는 소리였어. 그리고 그 신은 아주 만족스럽게 그걸 먹었단다.

시간이 지나자 세상은 그 나름의 질서를 가지고 자리 잡기 시작했어. 그래서 사람들은 이제 신전을 짓는 것과 지배자에게 지배당하는 것 그리고 신에게 사람을 제물로 바치는 일 따위는 대단치 않은 것으로 생각했지. 그냥 사람 사는 세상이 그런 거구나 하고 받아들이게 된 거야. 그러자 신의 즐거움이 확 줄어들었어.

불행으로 몸부림치는 사람들이 줄어들면서 신은 심심해했지. 그리고 뭔가 획기적인 아이디어가 없을까 하고 또 생각하기 시작했어. 그 신은 또 한 가지 기발한 아이디어를 생각해냈고 다시 지배자들에게 말했어. "저 버러지 같은 백성과 너희를 구별할 방법을 가르쳐 주마. 내가 너희에게 금속이 어디 있는지 가르쳐 줄 테니 너희는 그것으로 청동 장신구를 만들어라." 지배자들은 청동을 만들었어. 그들은 그것의 용도를 잘 몰랐기 때문에 처음에는 금속 장신구들을 만들어서 치장하며 뽐내는 정도였지. 하지만, 자비라고는 눈곱만큼도 없는 차가운 마음을 가진 어떤 지배자가 청동으로 커다란 칼을 만들어 몇몇 사람들을 아무 이유도 없이 죽이고 재산을 가져가자 사람들은 그 지배자 앞에서 벌벌 떨었어. 그리고 그를 위해 재산을 바치기 시작했지. 그 지배자는 사람들을 동원해서 그들이 바친 재산을 가지고 청동 칼을 많이 만들었고 그것으로 이웃 족속들을 또한 아무런 이유 없이 죽이고 그들 재산을 빼앗았어. 이런 일들이 계속되자 신은 드디어 만족했어. 사람들의 불행의 울부짖음이 그 신을 배부르게 하고도 남았거든.

사람들의 불행은 그것으로 그치지 않았어. 신은 그 정도면 괜찮다고 생각했을지 몰라도 지배자의 욕심은 그것으로 그치지 않았지. 지배자는 여러 족속을 정복했고 그들을 자신의 노예로 삼았어. 그리고 자신의 가족들에게 그 노예와 함께 정복된 땅을 나누어주었지. 이제 세상은 청동 칼을 가진 여러 지배자와 그보다 열 배나 많은 수의 노예들로 나누어졌고 노예들은 죽을 고생을 해서 지배자들이 원하는 것을 해다 바쳤단다. 뭘 바쳤느냐고? 아 참, 너는 갓난아기라 아무것도 물을 수 없지. 나도 참 주책이로구나. 아무튼, 노예들이 뭘 바쳤느냐면, 농작물, 가축, 노동력, 그리고 자신의 아내와 아이들이었어. 게다가 그들의 지배자는 죽으면서 자신의 무덤에 노예들을 아주 많이 데려갔단다. 노예들은 주인이 죽으면 주인을 따라 산 채로 주인의 무덤에 매장되었지. 이제 신은 아주 배가 불렀고 몹시 즐거워했단다. 이제는 좀 쉬어도 되겠다 싶을 정도로.

시간이 지나자 사람들은 불행을 받아들이기 시작했어. 자손에 자손을 낳으면서 조상이 어떻게 인간답게 살았는지 기억하는 사람은 아무도 없었지. 게다가 지배자들은 자신들의 위대함을 찬양하는 노래와 시를 만들라고 명령했고 사람들은 이 노래와 시를 따라 불렀어. 그들은 이 노래와 시를 통해 그들의 지배자가 얼마나 위대한지 알게 되었고 결국 그들 역시 자신들의 지배자를 자랑스럽게 생각하게 되었단다. 세상이 이렇게 다시 안정되자 불만을 느낀 쪽은 그동안 사람들의 불행에 배불렀던 신이었지. 그는 생각했어. '사람들은 정말 어쩔 수 없는 존재구나. 자기들을 그렇게 못살게 구는 저 지배자를 자랑스럽게 생각하다니. 정말 한심해.' 그는 사람들에게 더 정나미가 떨어졌고 그들을 더 불행하게 만들어야겠다고 결심하게 되었지. 그래서 신은 지배자들을 부추겨 다음과 같은 미신을 만들기로 마음먹었어.

"세상의 모든 생명은 끝없이 죽고 다시 태어남을 거듭하느니라. 너희는 너희 지배자의 질서에 조금만 어긋나는 삶을 살아도 더는 사람으로 태어날 수 없다. 저 가축으로 태어나면 얼마나 더 불행하겠느냐? 그러니 지금의 불행을 받아들이고 너희 지배자가 만들어놓은 질서를 묵묵히 받아들이며 살아라."

이 신이 만든 미신은 사람들이 더는 그들의 불행에 대하여 불평조차 할 수 없게 만들었지. 그리고 자기보다 더 불행한 사람을 동정하는 마음조차 없어지게 만들었어. 사람들은 생각했지. '저 불행한 사람은 전생에 아주 악한 삶을 살았기 때문에 지금 저렇게 불행한 것이다. 그러니 동정할 이유가 없다.' 사람들은 더 나아가 불행한 삶을 사는 사람들을 천시했어. 그리고 그들과는 같이 살지도 접촉하지도 않았지. 그렇게 사회는 여러 신분으로 나뉘었고 사람들은 다음 생에 더 나은 신분으로 태어나고자 지배자가 만들어놓은 질서를 맹목적으로 따랐어. 그리고 모래사장의 모래알들만큼이나 많은 천민이라는 사람들이 생겨났지. 세상 이곳 저곳에 말이야. 불행해도 서로 불쌍히 여기며 도우며 살던 사람들은 이제 서로 불행을 보고 모른 척했어. 그러자 사람들은 너무

나 불행해져서 "인생은 고통의 바다"라며 울부짖었단다.

시간이 흐르자 사람 중에는 서로 돌보고 불쌍히 여기는 것만이 불행에서 벗어나는 길이라고 말하는 지혜로운 사람들이 생겨나기 시작했어. 그건 그 신이 만들어 놓은 질서에 정면으로 어긋나는 말이었지. 우리가 흔히 '인류 4대 성인'이라고 말하는 사람들 말이야. 그 사람들이 하던 말들은 신이 만들어 놓은 불행한 세상을 행복하게 만들려고 하는 아주 불순한 발언이었거든. '사랑'이니 '자비'니 '측은지심'이니 하는 말들 말이야. 너도 들어봤지? 아 참, 내 정신머리 좀 봐? 넌 갓난아기잖아. 이런 말들을 들어봤을 리가 없지. 아무튼, 성인들은 세상을 바꾸었단다. 그들이 지나간 자리에서는 여러 변화가 일어났지. 더는 사람을 제물로 바치지 않았을 뿐만 아니라 지배자가 죽고 난 뒤 그의 무덤에 생매장당하지 않게 되었어. 게다가 세상에서는 천민이라고 불리는 사람들이 빠르게 줄어들었어.

사람들이 이렇게 서로 불쌍히 여기기 시작하자 가장 견딜 수 없었던 존재는 바로 그들의 불행을 늘 바라던 그 신이었어. 사람들이 행복을 찾고 있었고 사회는 변화되고 있었거든. 지배자들도 이제 그들을 완전히 무시할 수 없었고 그들처럼 인간다운 삶을 추구하려고 했지. 이런 세상이야말로 그 신 자신이 가장 원하지 않는 것이었어. 그래서 신은 또 한 가지 아이디어를 냈어. 원래 성인들은 자신들의 종교를 만들 생각이 꿈에도 없었어. 하지만, 그 신은 "그들을 시조로 하는 종교를 만들자!"라고 사람들의 귀에다 속삭였지. 그랬더니 사람들은 너나 할 것 없이 그것에 동의했어. 하지만, 사람들은 인간다운 세상이 오게 하려면 성인들의 말대로 자기들이 살아내는 것 이상의 방법은 없다는 것을 몰랐어. 신은 그들에게 말했지. "너희가 그런 삶을 살아내는 것 대신 종교인이라는 사람들에게 그런 삶을 살게 하면 된다"고. 그래서 그들은 종교인들에게 땅과 재산을 바쳤고 종교인들은 그들이 바친 것들로 돼지처럼 배부르게 먹고 살았어. 물론 그 종교인들이 세상의 새로운 지배자가 되었지. 이들이 만들어낸 교리와 제도는 그들이 만든 것이었을 뿐 종교의 시조들과는 아무 상관없는 것이었어. 이제 사람들은 성인들이 꿈꾸고 만들어온 인간다운 세상 대신 종교인들을 배를 불리기 위한 종교인들의 세상을 위해 살아야 했지. 사람들의 기대와 달리 종교인들은 사람들이 바친 재산으로 자신들의 권위를 드높일 거대한 건물들을 지었고 지배자들을 축복해 준 대가로 그들의 군대를 마음대로 사용했어. 사람들은 이제 다시 예전의 처지로 되돌아갔어. 달라진 건 그들의 지배자였을 뿐. 만일 어떤 사람이 성인들의 가르침으로 돌아가자고 말한다면 종교인들은 그를 이단으로 단죄하고 처단할 수 있었지. 결국, 성인들의 가르침은 그렇게 다시 사라지고 사람들은 다시 불행해졌어.

이 종교인들이 지배하던 세상은 천 년 동안이나 지속되었어. 그동안 종교인들은 무수한 전쟁을 일으켰고 무력을 사용해서 사람들의 생각을 지배하면서 인간다운 것을 알지 못하게 했지. 하지만, 사람들은 그들이 일으킨 전쟁을 통해 역설적으로 예전에 그들의 조상이 남겼던 책들을 발견했고 종교인들은 그 책들 때문에 사람들의 생각이 깨어나는 것을 막을 수 없게 됐어. 예전 조상이 어떻게 인간답게 살려고 애썼는지 알아낸 사람들은 종교인들과 종교인들의 충실한 종노릇하고 있던 지배자들을 상대로 혁명을 일으켰어. 혁명이 뭐냐고? 그건 네가 너무 어려서 설명하기 어렵지만 한 마디로 후려쳐서 말한다면 '뒤집어엎는' 거야. 이전 세상의 질서를 완전히 뒤집어엎어서 지배하던 자들이 지배받게 되고 지배받던 자들이 지배하게 된 거지.

이제 사람들은 전에 없던 평등한 시대를 맞이하게 되었어. 사람이 사람다운 대접을 받게 되었고 아무 이유 없이 사람을 죽이거나 재산을 빼앗거나 짐승처럼 천대할 수 없게 됐지. 종교인들도 지배자들도 그 누구도 사람을 사람대접 하지 않으면 벌을 받게 되었어. 사람들은 이 새로운 세상에 열광했어. 하지만, 사람들은 시간이 지날수록 뭔가 부족하다는 것을 느꼈지. 그들은 이전 세상에서 볼 수 있었던 화려한 옷을 입고 화려한 궁전에서 살던 사람들이 주변에서 사라졌다는 것을 알았어. 그리고 이제 자기들과 똑같은 낡은 옷을 입고 낡은 집에서 사는 사람들만 볼 수 있었다는 것도.

그러자 새 세상이 나타나면서 무서움에 떨며 웅크리고 숨어 지내던 그 신이 다시 일어섰어. 그 신은 사람들에게 속삭였지. "옛날 세상이 화려하고 아름답지 않았어? 옛날을 회상해 봐. 그 아름다운 궁전을. 왕자님, 공주님들이 화려한 마차를 타고 궁정에서 춤을 추었잖아?" 사람들은 그 속삭임에 넘어가 이야기들을 만들어내기 시작했어. 예전의 끔찍했던 기억은 다 잊어버리고 환상의 세계를 동경했지. 그렇게 해서 우리가 지금 아는 '동화' 라는 것이 생겨났단다. 사람들은 다시 예전의 세상을 동경했지.

신은 다시 사람들에게 속삭였어. "너희는 동화 속의 세상에서 살 수 있어. 이전 세상처럼 너희가 세상의 지배자가 되면 되잖아?" 이 말을 들은 사람들은 그 신의 말을 충실히 따랐어. 사람들은 배를 온 세상에 보내 원주민들을 노예로 만들고 그들에게서 금과 재산을 빼앗았지. 예전 세상을 동경하던 사람들은 새 땅으로 건너가서 이전에 그들 조상의 지배자들이 그랬던 것처럼 똑같이 죽이고 약탈하는 짓을 했던 거야. 그래서 이제는 온 세상의 죄 없는 원주민들마저 불행의 나락으로 빠지고 말았단다.

정복자들은 그들에게 일을 시켰어. 그들에게 돌을 깎고 옮기게 하고 자기들이 살 궁전 같은 커다란 집을 짓게 했지. 그리고 빼앗은 땅에 온갖 종류의 농작물을 심고 농사를 짓게 했어. 또한, 원래 그들의 땅이었던 그곳에서 나는 금과 보석을 캐어 바치게 했지. 원주민들이 죽도록 일하는 동안 새 지배자들은 그들이 일한 것으로 아름다운 집에서 아름다운 옷을 입고 아름다운 춤을 추며 살았어.

그러자 그것을 부러워한 사람들은 너도나도 앞다투어 새 땅으로 이사했어. 하지만, 땅은 한정되어 있는데 사람들은 다 왕자님 공주님처럼 살고 싶어 했으니 어떤 일이 일어났겠니? 사소한 다툼이 이곳저곳에서 일어나기 시작했고 그 다툼은 걷잡을 수 없이 커졌지. 사람들은 온 세상에 군대를 보내 자기들의 땅을 만들기에 혈안이 되었어. 여러 나라가 서로 자기들의 군대를 보냈기 때문에 그 군대들은 드디어 충돌하게 되었고 온 세상을 뒤덮는 전쟁이 일어났지. 그리고 그 나라들은 자기들의 땅에서도 전쟁을 해서 수없이 많은 사람이 피 흘리고 죽었단다. 전쟁을 일으킨 나라 사람들도 많이 죽었지만, 그들이 전쟁을 일으킨 곳에서 살던 죄 없는 사람들까지 수도 없이 죽었어. 가족과 친구를 잃지 않은 사람이 없었기에 사람들은 비통함에 몸부림쳤고 불행의 고통은 하늘에까지 닿았지. 그 신은 그제야 만족했어. 지금까지 맛보았던 어떤 기쁨보다 더 큰 기쁨을 맛보았거든. 이전의 시대보다 훨씬 더 광범위하게 많은 사람이 불행해 했으니까. 이런 불행은 전에도 없었고 앞으로도 없을 테니까.

전쟁이 끝나자 살아남은 사람들은 다시 이전의 삶을 되찾으려고 치열하게 열심히 살았어. 그리 오래지 않아 사람들은 전쟁의 상처를 잊고 다시 평화롭게 살게 되었지. 일한 만큼 먹을 수도 있었고 가난도 면하게 되었어. 열심히 산 것에 대한 당연한 대가였지. 세상 이곳저곳에서 작은 전쟁들은 있었지만, 이전 같은 거대한 전쟁은 없었어. 사람들은 전쟁이 얼마나 사람들을 불행하게 만드는지 배웠기 때문에 전쟁을 막고자 한마음으로 뭉쳤고 그래서 이성과 상식으로 문제를 해결해 나가기 시작했던 거야.

이제 그 신도 사람들의 머리가 깨어 웬만한 유혹으로는 그들을 불행하게 만들 수 없다는 것을 알게 되었어. 역사를 통해 사람들은 뭔가 깨달은 것 같았지. 무엇이 사람을 불행하게 만드는지 그리고 어떻게 해야 불행을 미리 피할 수 있는지.

세상은 무서운 속도로 발전을 계속하고 있었어. 사람들도 눈에 띄게 잘살게 되었고 말이야. 전쟁이 끝나고 수십 년이 지나자 가정 대부분은 집과 차를 소유하게 되었단다. 이전에는 단칸방에서 살면서 어딜 가려면 걸어가야 했던 사람들이 이제는 번듯한 집에 살면서 마이카를 굴리고 산 거야. 사람들은 이제 삶을 즐겼고 그러는 동안 그 신은 그저 침묵을 지키고 있었지. 자신의 때가 아직 이르지 않았기 때문이었어.

　하지만, 세상의 부가 날로 늘어가자 사람들은 생각하게 되었지. 이제 조금만 더 애쓰면 옛날의 지배자들이 누렸던 부를 누릴 수 있게 될 거라고. 이런 생각을 하는 사람들이 많아지자 잠자며 때를 기다리던 신은 기지개를 켜고 일어났어. 그리고 온 세상에 물건을 사고파는 장사꾼들에게 이렇게 속삭였어.

　"가서 사람들에게 돈 좀 벌어본 너희가 그들을 더 잘 살게 해 줄 거라고 말해. 너희의 말만 들으면 그렇게 해 주겠다고 말이야."

　그래서 장사꾼들은 사람들에게 그 신이 시키는 대로 말했지. 그랬더니 사람들은 그들의 말을 철썩 같이 믿었고 그들을 땅의 새로운 지배자들로 세웠단다. 처음에 이 새로운 지배자들은 세상에 자기들의 부를 나누어주었기 때문에 사람들은 그들이 나누어 준 풍요를 누리며 그들을 더욱 신뢰하게 되었어. 하지만, 오래지 않아 그들은 장사꾼들에 유리하도록 법을 바꾸었단다. 그리고 온 세상에 자기들이 만든 법을 따르기를 요구했지. 그들이 새로 만든 법은 온 세상에 물건을 자유로이 팔 수 있으면서도 그 물건을 만든 사람들에게는 굶어 죽지 않을 정도의 돈만 주어도 된다는 법이었어. 온 세상에 물건을 판 그들은 물건을 판 돈 대부분을 자신들의 호주머니로 가져갔고 일부만 일하는 사람들에게 주었지.

세상은 이 적은 수의 장사꾼과 대다수의 가난한 일꾼으로 나누어 졌단다. 장사꾼들은 더 부자가 되었지만, 사람들은 이전에 가지 고 있던 부마저도 잃고 빈곤의 나락으로 빠져들게 되었어. 세상 에는 빈곤으로 말미암은 불행이 차고 넘쳤고 범죄와 자살이 줄을 이었지. 그러자 오랜 시간 인고의 세월을 견디며 기다린 그 신은 무릎을 탁 치며 크게 웃었어. 그리고 사람들을 비웃으며 이렇게 말했단다. "어리석은 인간들이여. 역사를 통해 무엇을 배웠단 말 인가? 시간이 지나니 다 잊어버리고 마는구나."

그 신은 그것으로 만족하지 않았어. 그동안 세상을 아무리 불 행하게 만들어도 다시 일어서는 사람들 때문에 적잖이 피곤해 하 고 있었거든. 그래서 신은 인간 세상의 불행이 늘 계속되게 만들 방법이 없을까 연구했지. 생각해 보니까 사람들에게 직접적으로 불행을 주면 무엇이 불행인지 금방 알아차리는 문제가 있었어. 그래서 이번에는 더욱 교묘한 수를 냈지. 신은 장사꾼들에게 이 렇게 말했어.

"사람들에게 능력에 따른 보수를 지급하는 게 어때? 그렇게 하면 너희는 일 잘하는 사람을 쓰게 되어 더욱 부자가 될 거야. 게다가 사람들도 얼씨구나 하고 동의할 거야. 능력만 있으면 그 들도 너희처럼 잘살 수 있게 된다니 얼마나 솔깃한 이야기겠니?"

그 말을 들은 장사꾼들이 사람들에게 그대로 전하자 아니나 다를까 사람들은 그 말에 감격하며 가난에서 벗어날 희망에 부풀었단다. 그러자 장사꾼들은 그들 밑에서 일하는 어떤 사람들에게는 다른 사람의 몇 배나 되는 돈을 주었고 다른 어떤 사람들에게는 전보다 더 적은 돈을 주었지. 그러자 사람들은 자기들끼리 경쟁하기 시작했고 자기의 노력과 시간을 모두 쏟아 부어 남을 이기려고 혈안이 되었어. 이제 사람들은 결혼도 제쳐놓고 사랑도 사치라고 생각하며 일에 매달렸어. 그러자 어느새 사람들은 모두 다 외톨이가 되었지. 주변에 사람은 차고 넘쳤지만, 가족도 없었고 친구도 없었어. 옛날 성인들이 서로 사랑하고 불쌍히 여기는 것만이 행복에 이르는 길이라고 했잖아? 하지만, 이제 사람들은 이전의 어느 시대보다도 외롭고 쓸쓸해졌어.

사람들의 고단함은 이것이 다가 아니었어. 돈을 많이 주는 장사꾼들은 모두 도시에 살고 있었지. 그래서 이들은 너나 할 것 없이 도시로 몰려들었어. 이전 세상에도 도시는 있었지. 하지만, 이제는 도시가 너무 커져서 도시 밖에 또 도시가 생겼고 그 도시 바깥에 또 도시가 생겨났어. 도시는 겹겹이 양파처럼 쌓여서 불어났지. 사람들이 도시로 몰려들자 도시의 집값은 하늘 높은 줄 모르고 올랐어. 아무리 돈을 벌어도 오르는 집값 때문에 사람들은 집세를 내는 데 그리고 집 사느라 빌린 돈을 갚는 데 힘들여 번 돈을 쏟아 부어야 했어. 또한, 도시의 물가는 하늘 높은 줄 모르고 항상 오르기만 했기 때문에 사람들은 부유한 도시 가운데 살면서도 생쥐처럼 가난했어. 외롭고 가난하고 고달픈 환경에서 살면서 사람들은 무엇을 위해서 자기가 이렇게 가족도 친구도 없이 일만 하는지 생각해 보기도 했지. 하지만, 이 고단함에서 벗어날 길은 보이지 않았기에 이만한 삶이 어디냐고 여길 수밖에 없었어. 적어도 일할 곳도 있었고 잠잘 곳도 있었으므로 그냥 하루하루 먹고살 수는 있었거든. 하지만, 그들에게는 미래도 없었고 희망도 없었으며 행복은 더더욱 없었지.

신은 이것으로 만족하기로 했어. 불행으로 몸부림치며 혁명을 꿈꾸는 사람들보다 무엇 때문에 불행한지 모르면서도 고독과 빈곤에 서서히 무너져가는 사람들이 그 신에게는 덜 위험했거든. 그 신도 이제 배운 거야. 적당히 그리고 교묘히 사람들을 불행으로 이끄는 것이 가장 안전하다는 것을.

애, 자니? 이런 벌써 잠들면 어떡해? 내 얘기가 재미가 없긴 없었나 보다. 이런. 아기가 코까지 골면서 자네? 그래도 이렇게 편하게 재워보긴 처음인걸. 앞으로도 이런 재미없는 얘기 많이 해 줄게.

이제 얘기를 그만 해야겠는 걸. 아기가 자니 나도 이제 내 할 일을 좀 해야겠다. 어? 이봐! 왜 또 깬 거야? 잘 재워놓았는데….

그만 좀 울어, 아가야. 도대체 왜 이렇게 우니? 혹시 내가 그 신이 누군지 말 안 하고 얘기를 끝내려고 해서 그런 거니?

아기가 내 말을 알아듣는 건가? 그래. 알았어. 너도 궁금하겠지. 자다가 벌떡 일어날 정도로 궁금한 거지? 지금 고개를 끄덕였니? 내 착각인가? 하지만, 걱정하지 마. 네가 잠들지만 않았더라도 너에게 얘기해 주려고 했으니까. 이제 말해 줄게.

그 신은 모든 사람의 마음속에 살고 있어. 네 마음속에도 있을걸, 아마? 네가 장난감을 얻으면 다른 아가 앞에서 뽐내고 자랑하지? 그럼 그 아가 마음은 행복할까? 아마 그 아가의 부모가 가난해서 그런 장난감을 사 주지 못한다면? 결국, 네가 뽐내는 그것으로 말미암아 그 아가와 그 아가의 부모는 더 불행해지겠지? 그리고 넌 다른 사람의 불행으로 말미암아 득의만만해질 거고. 그래서 네 마음속에 있는 그 신은 만족을 얻는단다. 그래. 그 신의 이름은 바로 '허영심'이란다. 아주 작고 귀여운 녀석이지. 하지만, 수많은 사람의 허영심이 모이면 전혀 귀엽지 않게 돼.

처음에 사람들은 웅장하고 아름다운 건축물을 세우자고 했지. 그건 자기들의 뛰어남을 뽐내고 싶어 하는 마음에서 비롯된 거였어. 하지만, 그것의 결과는 어땠니? 그걸 지은 사람들이 그 신전을 등에 업은 지배자들의 노예가 되었지. 그 후 사람들은 허영심에 속아 종교와 종교인들을 만들었고, 그다음에는 이전의 지배자들처럼 멋지게 살고자 했지. 그리고 그것 때문에 일어난 전쟁이 온 세상을 파괴했음에도 불구하고 사람들은 다시 허영심에 부풀어 옛 지배자들이 누리던 부를 갈망했고 그 결과 다시 이전처럼 불행으로 되돌아간 거야.

사람들은 어려움에 부닥칠 때마다 허영심이 가져온 결과에 대해 뼈저리게 반성했지만, 평화가 찾아오자 이전의 교훈을 다 잊어버리고 역사로부터 아무것도 배우지 못했어. 사람들의 불행은 그 자신의 허영심의 목소리를 충실히 따른 것에 대한 당연한 대가였지만 그 때문에 힘없고 불쌍한 사람들까지도 그 불행을 같이 겪었으니 이런 부당하고 억울한 일이 어디 있겠니. 이런 일을 반복하지 않으려면 사람들이 역사로부터 허영심을 경계해야 한다는 것을 배워야 하고 그것을 잊어버리지 말아야 해. 하지만, 그게 되겠니? 인간은 망각의 동물이고 세대가 지나면 조상의 경험으로부터 아무것도 배우지 못하는 걸. 인간 세상은 이전에도 그랬고 지금도 그러하며 앞으로도 그럴 거야.

내 귀여운 아가. 네가 크면 사람들은 너의 젊음을 이용해서 자기들의 허영심을 만족하게 하려고 할 거야. 그리고 네 정신세계에 허영심을 주입해서 너도 자기들처럼 탐욕스럽게 사는 어른이 되게 만들겠지. 만일 그 뜻대로 되지 않는다면 너를 위협하고 비난할 거야. 그래서 네가 그들에게 머리 숙이게 하고 그들에게 복

종할 때까지 네 영혼을 괴롭히겠지. 너의 가족들마저, 너의 친척들마저 그리고 너희 친구들마저 자신의 허영심을 만족하게 하려고 널 가만두지 않을 거야. 너의 앞길이 그처럼 어려울 테니 걱정이 앞서는구나. 널 어떻게 키워야 할까?

사랑하는 아가. 너는 네가 하고 싶은 일을 하면서 네 행복을 찾아가렴. 다른 사람과 자신을 비교하지 말고 다른 사람의 기준에 휘둘리지 말고 네 행복의 기준을 너 스스로 만들어야 해. 그리고 다른 사람을 너와 다르다는 이유로 부러워하거나 업신여겨서는 안 된단다. 사람들은 네가 자기들의 기준을 따르지 않는다고 널 비난하고 못되게 굴 거야. 하지만, 거기에 굴하지 말고 의연하게 너 자신의 인생을 살아가렴. 그럼 넌 행복해 질 거고, 네 주변에 있는 사람도 행복해 질 거야. 네가 불행해지지 않는다면 네 주변의 세상은 너를 따라 행복해 질 거란다. 행복은 허영심을 멀리하는 데 있고 허영심으로 불행해진 사람들을 따라 살지 않는 데 있다는 거 잊지 마. 이제 정말 자야겠다. 나도 졸리는 걸. 우리 함께 푹 자자. 행복한 꿈을 꾸면서.

정직한 카지노

마이클은 인생에 지쳤습니다. 그는 남은 인생의 길이 보이지 않을 만큼 불행했습니다. 그에게는 아무 희망도 남아 있지 않았 습니다. 그는 자신의 모든 재산을 처분해서 라스베이거스로 떠났 습니다.

라스베이거스는 카지노의 천국이었습니다. 모든 카지노가 다 그의 남은 재산마저 다 가져가려고 으르렁거리는 것 같았습니다. 두려워진 마이클은 좌절했습니다. 그는 돈을 벌려고 이곳으로 온 것이 아니라 인생의 고통을 잊고자 온 것이었습니다. 카지노에서 가능한 한 오래 세상을 잊고 지내다가 돈이 다 떨어지면 스스로 인생을 포기할 셈이었습니다. 하지만, 정작 카지노들의 네온사인을 보니 그는 두려워졌습니다. 오늘 돈을 다 잃고 내일 바로 죽을 것 같았기 때문입니다.

그런데 그는 구석진 곳에서 한 작은 유별난 카지노를 발견했습니다. 그 카지노의 이름은 〈정직한 카지노〉였습니다.

'얼마나 정직하기에 저런 간판을 달았을까'

마이클은 의아했습니다.

마이클이 〈정직한 카지노〉 안으로 들어가자 여느 카지노와 다름 없이 사람들이 베팅하고 있었습니다. 카지노 입구에는 이런 안내 문구가 씌어 있었습니다.

'하느님'에게 거는 것이 가장 확률이 높습니다.
그 다음으로는 '자기 자신'에게 거는 것이고
가장 확률이 낮은 것은 바로 '세상'에 거는 것입니다.

마이클은 생각했습니다. '거짓말…. 세상에 정직한 카지노가 어디 있어? 저 반대로 걸면 돈을 따겠지.'

마이클이 한 테이블을 골라 자리에 앉았습니다. 테이블에는 룰렛이 놓여 있었습니다. 룰렛에는 '하느님' 칸이 있었고, '자기 자신' 칸이 있었으며 '세상' 칸도 있었습니다. 칸의 면적과 수를 보니 '하느님' 칸은 가뭄에 콩 나듯 했고 '자기 자신' 칸은 좀 있었으며, '세상' 칸은 전체의 절반 이상을 차지하고 있었습니다.

‘역시 정직한 카지노가 있을 리가 없어.’

마이클은 냉소적인 웃음을 지으며 ‘세상’에 베팅했습니다. 처음인지라 일단 적은 돈을 걸었습니다. 룰렛이 돌았고 구슬은 그가 생각했던 대로 ‘세상’ 칸에서 멈췄습니다. 그는 돈을 땄습니다.

‘역시 세상에 거는 것이 가장 안전한 방법이야.’

마이클은 생각했습니다.

가장 확률 높고 안전한 베팅 방법을 확인한 마이클은 이번에는 자기가 가져온 돈의 10퍼센트가량을 '세상' 에 걸었습니다. 이번에는 구슬이 '자기 자신' 에서 섰습니다. 그는 돈을 잃었습니다. 하지만, 그는 생각했습니다.

'확률상 결국은 내가 이길 수밖에 없다. 이번에는 내가 딸 거야.'

그는 이번에도 '세상' 에 걸었지만, 구슬은 '하느님' 에서 멈췄습니다. 그는 또 가진 돈의 10퍼센트를 잃었습니다. 한순간에 그의 재산 5분의 1이 사라졌습니다.

'그렇다면, 이번에는 아예 하느님에 걸어볼까?

그는 10퍼센트의 칩을 '하느님'에 걸었습니다. 룰렛이 돌았고 놀랍게도 구슬은 '하느님'에서 멈췄습니다. 그는 조금 전 잃은 돈의 절반을 만회했습니다.

'이상한데? 의외로 하느님이 확률이 높은걸? 하지만, 확률적으로 하느님의 확률은 전체의 20분의 1도 안 되는데 여기에 계속 걸면 잃을 수밖에 없지. 이번에는 좀 적게 걸어보자.'

그는 미심쩍어하며 아주 적은 분량의 칩을 다시 '하느님'에 걸었습니다.

이번에도 구슬은 '하느님'에서 멈췄습니다. 그는 고민했습니다.

카지노에서 정직한 말을 할 리가 없어. 결국, 확률적으로는 '세상'이 더 확실해. 하느님도 나 자신도 확률을 앞설 수는 없어. 그래. 숫자는 정직하고 난 숫자를 믿어. 괜히 얄팍한 속임수에 현혹되지 말자.'

그는 '하느님'에 걸어 돈을 땄음에도 다시 20퍼센트의 칩을 '세상'에 걸었습니다.

하지만, 구슬은 다시 '하느님'에서 멈췄고 그는 많은 돈을 잃었습니다. 확률상 반드시 '세상'이 나온다고 믿고 크게 걸었지만, 결과는 카지노에서 말한 대로였습니다. '하느님'의 확률이 제일 높다고 했던가요? 하지만, 마이클은 이번만큼은! 이번만큼은! 하며 고집을 꺾지 않았습니다. 구슬은 '하느님'과 '자기 자신'에서 집중적으로 멈췄고 결국 그에게 남은 돈은 처음 가져왔던 돈의 10퍼센트밖에 되지 않았습니다. 그에게 죽음의 그림자가 드리웠습니다. 돈을 다 잃으면 그는 호텔 숙소에서 목을 매기로 했기 때문입니다.

마이클은 남은 돈을 아주 조금씩 베팅하기로 했습니다. 그리고 이번에는 확률상 두 번째로 높아 보이는 '자기 자신'에게 걸었습니다. 그동안 '하느님'이 집중적으로 나왔으니까 정말 확률적으로는 '자기 자신' 또는 '세상'이 무더기로 나올 차례였습니다. 하지만 '세상'에 덴 그는 이제 그쪽은 꼴도 보기 싫었습니다. 그래서 계속 '자기 자신'에게만 걸었습니다.

구슬은 반반의 비율로 '자기 자신'과 나머지 칸에 번갈아 멈췄습니다. 줄기차게 '자기 자신'에만 걸었지만, 그는 늘 땄다가 딴 만큼 또 잃기를 반복했습니다. 구슬이 '세상'에 걸릴 때마다 그의 마음은 흔들렸습니다.

'에잇, 결국 세상에 걸어야 했나?'

아무 소득도 없는 시간은 그렇게 흘러갔습니다. 그는 사흘 밤낮을 '자기 자신'에만 걸었지만 따지도 잃지도 않았습니다. 그의 목숨은 그저 연장되기만 했을 뿐입니다. 즐거움도 기쁨도 없는 의미 없는 시간은 계속 흘러갔습니다. 그는 지치기 시작했습니다. 사는 것이 죽는 것보다 나을 것이 없었습니다.

그는 이렇게 사느니 차라리 죽는 것이 낫다고 생각했고 결국 결심했습니다. 이 모진 삶을 여기서 끝내자고 말입니다. 그는 가진 돈을 전부 '하느님'에 걸었습니다. 그런데 놀랍게도 구슬은 '하느님'에서 멈췄습니다. 그는 이번 베팅으로 시작할 때 받았던 칩의 10퍼센트를 다시 찾았습니다. 유혹은 다시 찾아왔습니다.

'여기서 다시 확률 높은 세상에 걸면 어떨까?'

하지만, 그는 마음을 다잡았습니다. 죽든지 살든지 어서 결판을 내고 그 자리를 뜨고 싶은 마음이 더 강했습니다. 그는 다시 가진 칩 전부를 '하느님'에 걸었고, 아니나 다를까 이번에도 이겼습니다. 그는 이제 원래 가지고 있던 칩의 40퍼센트를 가지고 있게 되었습니다.

그러자 그의 마음에 또다시 유혹이 들었습니다. 이제 '하느님'에 조금씩만 걸고 돈이 다시 많아지면 그때 확률 게임을 하자는 생각이 들었습니다. 그래서 이번에는 가진 칩 일부만 '하느님'에 걸었습니다. 그러나 이번 구슬은 '세상'에서 멈췄습니다. 그의 얼굴이 어두워졌습니다. 도박 운이 다한 것은 아닌지 걱정스러웠습니다.

'돈을 따고자 하니 잃는구나. 그래 난 결국 운이 없는 놈이야. 이제 깨달았으니 이제 어서 이 판을 끝내고 고달프고 지겨운 인생도 여기서 끝내자.'

그는 자신에 대한 기대를 완전히 접었습니다. 그리고 다시 가진 칩 전부를 '하느님'에게 걸었습니다. 확률상 이번만큼은 '하느님'이 나올 수 없을 것 같습니다. 왜냐하면, 그동안 '하느님'이 너무 많이 나왔기 때문입니다.

그러나 놀랍게도 이번에도 구슬이 멈춘 칸은 역시 '하느님'이었습니다. 그는 이제 원래 가지고 있던 돈의 70퍼센트를 회복했습니다. 하지만, 돈과 상관없이 이미 죽을 결심한 그였습니다. 그는 다시 가진 칩 전부를 '하느님'에 올인 했습니다.

그가 가진 칩의 전부를 '하느님'에 걸 때마다 구슬은 '하느님' 칸에 멈추었습니다. 그러나 잠시 딴생각에 가진 것 일부만 걸었을 때마다 구슬은 '자기 자신' 또는 '세상'에 멈추었습니다. 그는 깨달았습니다.

'이 카지노가 거짓말을 하는 것이 아니었구나. 게다가 **인생 전부를 하느님에 걸면 절대로 지지 않아.**'

그는 유혹을 완전히 떨쳐 버리고 계속해서 가진 칩을 전부 '하느님' 칸 앞에 몰아넣었습니다. 이제 확률은 이제 그에게 아무 의미가 없었습니다.

얼마간의 시간이 지나고 나서 카지노 직원이 그에게 다가와 말했습니다.

"이제 게임을 그만 끝내시는 게 어떠시겠습니까? 여기서는 열 판을 연속으로 따기만 한 손님은 게임을 더 하실 수 없습니다."

이미 그는 부자가 되어 있었습니다. 처음 가져온 돈의 80배가량의 칩을 가지게 되었습니다. 하지만, 거기서 인생을 끝내려고 한 마이클의 의도는 실현되지 못했습니다. 그는 그 카지노를 떠나야 했으니까요.

카지노를 떠나기에 앞서 마이클은 환전소에 들러야 했습니다. 환전소 직원이 말했습니다.

"칩을 현금으로 교환해 드리겠습니다. 하지만, 손님께서는 가지고 계신 칩을 다음과 같은 것으로도 바꾸실 수 있습니다. 기쁨, 자유, 가족, 친구, 인류를 위한 봉사…. 만일 이런 것들로 바꾸려 하신다면 말씀해 주십시오."

마이클은 곰곰이 생각했습니다. 그는 처음 여기 왔을 때의 자신을 떠올려보았습니다. 그에게는 아무 기쁨과 희망도 없었습니다. 돈이 많다고 해서 그런 것들이 그에게 생길 리는 없었습니다. 돈만 있는 인생이라면 그 돈을 가지고 다시 카지노로 돌아올 것이 뻔했습니다. 그는 그가 이제는 죽지 않아야 할 이유, 즉 살아갈 이유를 선택하기로 했습니다. 그는 가진 칩을 기쁨과 자유, 가족, 친구, 인류를 위한 봉사 등등으로 교환했습니다.

그는 카지노 안을 다시 쳐다봤습니다. 이전까지 보이지 않던 것이 이제 보이기 시작합니다. 카지노의 안내 문구에도 불구하고 대다수 사람은 가지고 온 돈을 다 잃고 빈털터리가 되어 카지노를 떠났고, 간혹 돈을 딴 사람들도 칩을 현금으로만 교환해 갔습니다. 환전소 직원이 말했습니다.

"저분들은 이기는 법을 겨우 깨달아서 저렇게 돈을 계속 따 가지만 카지노에서 떠나지는 못하고 계속 찾아오고 있지요. 그들은 하느님을 이용해서 돈을 따는 데에만 중독된 불쌍한 사람들입니다. 하지만, 손님은 참으로 좋은 선택을 하셨습니다. 안녕히 가십시오."

카지노에서 나온 마이클은 어떤 알 수 없는 힘에 이끌려 도박으로 돈을 모두 날리고 지하 하수구에서 사는 불쌍한 사람들을 찾아가 그들을 도와주었습니다. 그의 마음에 행복이 찾아왔습니다. 그는 그들을 돕고 난 후 고향으로 돌아가 길거리를 헤매는 청소년들을 찾아가 그들을 한 가족처럼 돌봤습니다. 그러자 그의 행복은 두 배로 커졌습니다. 그는 가난한 나라들에 가서 봉사활동을 하는 봉사자들을 위해 쓰지 않는 생필품들을 모아 부쳤습니다. 그러자 그의 행복은 또다시 두 배가 되었습니다. 그러는 과정에서 그는 "기쁨, 자유, 가족, 친구 그리고 인류를 위한 봉사"를 얻었습니다.

그리고 그는 제3세계에서 온 가난한 이민자들을 위해 숙소와 음식을 제공하는 한 교회에 찾아갔습니다. 그곳에는 하느님이 십자가에 달려 있었습니다. 그는 십자가를 바라보며 말했습니다.

"내가 선택한 하느님 당신이 이 모든 행복을 주셨습니다. 그리고 나는 내 인생 전부를 당신께 두려움 없이 걸었습니다."

십자가에 달린 하느님이 그를 보시고 빙긋 웃었습니다. 그는 이렇게 말씀하시는 듯했습니다.

"이는 내 사랑하는 아들, 내 마음에 기뻐하는 아들이다."

가족

아버지는 콩 한쪽도 나눠 먹어야 한다고 가르쳤다. 우리 가족
은 아버지가 건네는 얇은 생활비 봉투에서 나오는 영양가 없는
식사를 나눠 먹었다. 밥 다섯 공기에 찌개 하나, 반찬 세 접시. 그
게 우리가 먹던 식사였다. 아버지는 항상 일하느라 늦게 들어왔
기 때문에 어머니는 우리 네 형제의 밥만 차리면 됐다. 아버지는
바깥에서 일하느라 밥도 제대로 못 챙겨 먹는다고 늘 입버릇처럼
말하곤 했다. 하지만, 어렸을 때 본 아버지의 얼굴은 늘 기름이
반지르르하게 흘러 형광등 불빛을 반사했다. 연방 이마에서 눅진
거리는 땀을 닦던 아버지의 머릿결은 항상 기름졌다.

　우리네 형제는 아버지의 가르침을 하느님과 동기 동창인 존재
의 가르침으로 알며 자랐다. 그 중 하느님만은 못해도 대천사 정
도는 되는 존재인 큰형은 아버지의 말이라면 섶을 지고 불 속에
뛰어들라 해도 곧이들었다. 아버지의 말에 가장 시큰둥해하던 사

람은 바로 셋째 아들인 나였다. 그리고 귀여운 막내는 항상 어머니 치마폭에 싸여서 자랐다. 나는 형들이 왜 그렇게 아버지의 말이라면 언제나 옳다고 믿으며 조금이라도 의문을 가졌다가는 주먹부터 휘두를 기세였는지 알 길이 없다. 아버지가 술 먹고 집에 와서 우리 식구들을 다 깨워서 앉혀 놓고 일장연설을 하며 사업 이야기를 하던 기억에 따르면 당신의 회사는 늘 바람 앞에 등불 같았고 그때마다 당신은 항상 울분에 차 있었다.

회사가 망하면서 아버지는 새로 일어나던 동종 업계의 어떤 분에게 굴욕적으로 회사를 넘겼다. 그게 내가 열한 살 때였으니 삼십 년은 지난 일이다. 아버지의 회사는 사실 아버지가 개척한 회사가 아니라 할아버지가 넘겨주신 회사였는데 할아버지가 어느 정도 기반을 닦아 놓으신 그 회사가 그렇게 빨리 망하게 될 줄은 업계 사람들조차도 몰랐다는 것이다. 아무튼, 아버지가 일부러 자리를 피한 상황에서 주주들만 모아놓고 반강제로 회사를 넘기는 서류에 도장을 찍게 했다는데 누가 그랬는지 아버지 도장을 위조로 파서 아버지 도장도 찍었다고 한다. 그렇게 불법적으로 넘어간 회사를 아버지는 다시는 되찾을 수 없었다. 아버지는 절치부심해서 가족들이 어떻게 사는지 돌아보지도 않고 회사를 다시 일으키려고 애썼지만 허사였다. 우리 가족은 그렇게 순식간에 가난에 내몰렸다.

　다행인지 불행인지 몰라도 우리 가족을 돌보아 주는 분이 계셨다. 연세가 좀 있으신 분이었는데 어머니에게 몰래 생활비를 보내주시고는 했다. 그것 때문에 우리네 형제는 밥도 먹을 수 있었고 학교도 계속 다닐 수 있었다. 나중에 아버지가 그것을 알고 야구방망이로 어머니를 두들겨 패기 전까지는 아무 문제가 없었다. 형들은 적어도 고등학교는 졸업했고 대학교는 꿈도 꾸지 못한 채 공장에 취직해야 했다. 공장에서 얼마 되지 않는 돈을 벌자 형들은 그 돈을 아버지에게 드렸다. 아버지는 그 돈을 말없이 받고는 다시 집을 나갔다. 도대체 그분이 뭐 하면서 시간을 보내고 그 돈을 썼는지 몰라도 아버지는 그 돈을 한 푼도 어머니에게 준 적이 없다. 어머니가 어떻게 생활하는지 관심도 없었으니 그럴 만도 했다. 아마 날품팔이라도 해서 돈을 마련하는 줄 알았을 것이다.

　몇 년 동안 그렇게 누군가에게 몰래 도움을 받았지만 내가 고등학교를 졸업할 무렵 모든 게 탄로 나고 말았다. 아버지는 어머니를 짐승 다루듯 했고 나는 아버지를 비호하는 두 형의 기세에 눌려 어머니를 도와드릴 수 없었다. 결국, 어머니는 병원에 입원하셔서 간신히 죽을 고비를 넘겼고 세상이 다 아는 이 사건 때문에 결국 아버지는 이혼 서류에 도장을 찍어야 했다. 아버지는 이혼 서류에 도장을 찍으면서도 이렇게 말했다.

"더러운 네년이 그놈 덕분에 얼마나 잘 사는지 두고 보고 말 것이다! 언제부터 가랑이를 그렇게 짝 벌렸는지 모르지만 넌 더러운 년이야."

아버지는 그렇게 악을 쓰며 겨우 이혼서류에 도장을 찍고는 그의 두 아들과 함께 집을 나갔다. 자신이 휘두른 방망이가 아니었다면 아마 우리를 내쫓고 말았을 것이다. 하지만, 그는 달랑 다 쓰러져 가는 전세방 하나만 우리에게 남긴 채 사라졌다.

남은 사람은 어머니와 나 그리고 이제 갓 중학생이 된 막내였다. 이혼서류에 도장을 찍을 때 막내는 수학여행 가느라 집에 없었다. 나는 그 모든 것을 목격했고 아버지를 증오할 충분한 이유를 가지게 되었다. 내가 알기에는 어머니는 그 신사 분에게서 돈을 받긴 했지만, 흠이 될 만한 어떤 잘못도 하신 일이 없다. 하지만, 아버지의 생각은 달랐다. 공짜로 그런 돈을 주는 사람은 세상 천지에 있을 수가 없으며 설령 공짜로 그런 돈을 주겠다고 해도 나중에 무슨 요구를 할지 모르니 절대로 받아서는 안 된다는 것이었다. 그의 두 큰아들은 그 말이 절대로 옳다고 믿고 오히려 아버지의 폭력을 두둔했다. 하지만, 나에게 있어 누가 옳은지는 사실 중요하지 않았다. 나에게 중요한 건 누가 가족을 돌보았고 누가 자식들을 학교에 보내고 밥을 먹였는가 하는 것이었다. 아버지는 밖에서 보면 멋있는 사람일지 몰라도 어머니에게 그리고 우리 가족에게는 몹쓸 사람이었다. 그는 자신의 가족을 돌보지 않았다. 그래서 어떤 멋있는 말을 해도 멋있지 않았다.

그 신사 분의 도움으로 우리 집은 점점 형편이 나아졌다. 해가 바뀔수록 우리는 좀 더 번듯한 동네의 번듯한 집으로 이사 갔고 항상 쓰던 낡은 가구와 낡은 옷들을 처분하고 새 가구와 새 옷을 장만했다. 나는 대학에도 갈 수 있었다. 막내는 좋은 교복을 입고 학교에 갔고 나는 유행에 맞는 옷을 입고 늦었을 때는 가끔은 택시도 타고 등교했다. 우리 두 형제에게는 점점 좋아지던 시절이었다. 우리 가족은 아버지와 큰형 작은형의 존재를 어느새 잊을 만큼 작은 행복을 누렸다. 그렇게 몇 년이 지나갔다.

어느 날, 난 작은형의 전화를 받았다. 내 전화번호를 어떻게 알았는지 나에게 전화를 해서 나를 불러냈다. 작은형이 다닌다는 공장 근처의 국밥집에서 난 그를 만났다. 큰형도 다닌다는 그 공장은 잘 나가는지 어쩐지 모르겠지만, 근로조건은 형편없는 것 같았다. 형의 얼굴에서 전에 없던 주름이 보였다. 그리고 낯빛도 전 같지 않았다.

"아버지가 회사 망하고 뭐 하고 다니셨는지 모르지?"

내가 모르는 것을 그는 알고 있었다.

"아버진 회사 다시 일으키려고 안 해 본 일 없으시다. 이제 다시 회사를 시작하려고 하셔. 아버지를 믿고 투자하는 투자자들도 생겼다."

"아버지가 어떤 일을 하고 다니셨는지 모르지만, 관심 없어. 당연히 가족을 위한답시고 뛰어다니셨겠지. 그분은 스스로 부끄러운 일은 안 하시는 분이니까. 워낙 대쪽 같은 분이시잖아."

"너 지금 비꼬는 거지?"

"그래. 비꼬는 거다. 가족을 위해 뭘 하려고 했는지는 모르지만, 그분은 집에 없었어. 그게 아버지의 죄야."

"아버지의 죄? 아버지가 무슨 죄가 있으시느냐? 그분처럼 올바르게 살려고 애쓴 사람이 세상에 어디 있다고 그래? 남한테 손 안 벌리고 당당하고 떳떳하게 사셨어. 네가 남의 밥 먹으면서 부끄러운 줄도 모르고 있을 때 아버지는 혼자 뛰어다니셨어. 네가 그걸 알아?"

"그래서 그 결과가 뭔데?"

나는 눈을 똑바로 뜨고 작은형을 바라보며 반문했다. 예전 같으면 상상도 할 수 없는 일이었다. 초라해진 작은형 앞에서 난 처음으로 고개를 빳빳이 들었다. 작은형도 자기의 처지를 알았는지 예전처럼 못되게 굴지 못했다.

"언젠가 어머니와 너희가 아버지에게 무릎 꿇고 빌며 돌아오는 날이 있을 거다. 우리는 어찌 됐던 한가족이니까. 남에게 빌어먹는 걸 자랑으로 알지 말고 어서 정신 차려. 잊지 마. 우리는 한 가족이야. 지금은 그 빌어먹을 늙은 놈 때문에 헤어져 있지만 말이다.”

그 늙은 놈 때문이 아니라 바로 그 아버지란 작자 때문이라고 말해주고 싶었지만 바람처럼 일어서서 가버리는 바람에 말해 줄 수 없었다.

그 후로도 쭉 난 작은형의 저주 같은 말들을 잊지 못했다. 마음속에서 일어나는 분을 참을 수 없어서 잠을 이루지 못하기도 했다. 아버지처럼 작은형도 결코 틀린 말은 하는 법이 없었다. 그의 말이 맞기 때문에 더 기분이 더러웠다. 그 신사 분이 좋은 분이든 아니든 간에 언제까지나 그의 도움을 받으며 살 수는 없었다. 난 사병으로 입대하지 않고 삼군사관학교에 들어갔다. 병역 의무를 이행하면서도 돈을 벌면 어머니가 그분에게 좀 덜 의지해도 될 것 같았던 거다. 하지만, 어머니는 나에게 이렇게 말씀하셨다.

“번 돈을 집으로 부치지 마라. 네가 갖고 있다가 필요한 일을 하는 데 써. 꼭 필요한 데가 있을 거야. 내가 돈이 아쉬워서 그분 뵙는 거 아니다.”

어머니의 고집을 꺾을 수 없었던 나는 결국 그 돈을 고스란히 은행에 넣어두었고 4년 뒤 제대했을 때 그 돈은 이자가 붙어 제법 불어나 있었다.

제대하고 보니 일반 직장에 취직하기에는 내 나이가 제법 있었다. 하긴 난 일반 직장에 취직할 생각도 없었다. 남의 밑에서 월급쟁이 노릇을 하며 평생 일해 봐야 겨우 먹고살 정도라는 것을 알고 있었기 때문이다. 난 집안을 다시 일으켜야 했다. 그리고 나에게는 모아 놓은 사업자금이 있었다. 아버지가 사업하는 것을 눈치로 배웠기 때문에 사업을 시작하는 것이 두렵지 않았다. 아버지는 딱 그만큼만 나에게 도움을 주는 존재였다. 난 내 전공을 살려 기계부품 공장을 차렸다. 그리고 공고 졸업생 몇을 데리고 중고 기계를 들여놓고 시작했다. 처음에는 회사가 잘 나갔고 난 공장에서 숙식하면서 회사 일에 매달렸다.

회사가 좀 커지자 큰 일거리가 필요했다. 하지만, 회사를 더 키울만한 큰 일거리를 주는 기업이 없었다. 큰 일거리를 맡으려면 회사의 덩치를 키워야 했지만, 나에게는 돈이 없었다. 은행을 찾아봤지만 허사였다. 난 너무 어렸고 처자식도 없었던 데다 회사 규모도 너무 작았다. 나를 믿고 거액을 빌려줄 은행은 없었다. 은행마다 연대 보증을 요구했고 보증을 서줄 사람을 찾아다녔지만 뾰족한 방법이 없었다. 회사의 덩치를 키우지 않으면 이 정도로 먹고살다가 한순간의 위기에 그냥 바람처럼 사라져 비리는 것이 기업의 생리다. 난 아버지처럼 되고 싶지 않았다.

그 무렵이었다. 그 신사 분을 만나게 된 것은. 그전까지 난 그분을 한 번도 직접 만나본 적이 없었다. 그는 세상 경험이란 경험은 다 해본 것 같은 노회한 인상이었고 내가 무슨 말을 해도 이미 알고 있다는 표정을 지었다. 그는 내게 제안했다.

"내가 자네의 보증을 서 주겠네. 나 정도면 은행에서 다른 보증인을 세우라고 하지는 않을 걸세. 단, 조건이 있네. 우리 회사에 시중가보다 5퍼센트 싸게 납품을 해 주게."

"왜 저희 집안에 이렇게 호의를 베푸시는지 궁금합니다."

"자네 아버님의 회사를 망하게 한 그 회사 때문일세. 그런 회사는 우리에게도 위협이 되네. 자네는 잘 모르겠지만, 우리 회사는 그 회사와 전면전을 치러서 결국은 굴복시켰네. 완전히 없애버릴 수도 있었지만 그렇게 되면 그 엉망인 회사의 문제를 우리가 다 떠안아야 하니까 그럴 수는 없었고… 건전한 기업으로 다시 태어나게 하는 것이 최선이었지. 그 회사가 망하게 한 자네 아버지의 회사는 다시 살릴 수 없네만 자네 가족을 도울 수는 있었네. 자네 어머니를 만나는 건 단둘이 아니고 자네 어머니와 같은 처지가 된 사람들과 함께 만나는 것이니 염려 말게나."

"그럼 왜 아버지를 돕지 않고 어머니를 도우셨죠? 그것 때문에 어머니는 아버지와 이혼을 했습니다."

쓴웃음을 지으며 그가 대답했다.

"난 처음에 자네 아버지에게 제안했네. 하지만, 날 보고 '난 당신 같은 인간이 어떤 부륜지 잘 안다… 당신은 다친 사자 새끼를 노리는 하이에나다….' 뭐 이런 말들을 하는데 어떻게 도와줄 수 있었겠나? 자네 어머니가 사과하러 오셨을 때 어떻게 저렇게 다른 분들이 부부가 되었는지 이해하기 어려웠네."

그는 내 부모의 이혼에 대해 전혀 책임을 느끼지 않는 것처럼 보였다. 아들을 넷이나 가진 부부가 서로 생각이 다르다고 해서 이혼하게 된 것이 별일이 아닐 수는 없었지만 적어도 이 사람은 그 이혼이 차라리 다행이라고 생각하는 것 같았다. 부부는 헤어지면 남이지만 가족은 그렇지 않다. 부부가 헤어지면서 네 형제도 갈라졌는데 그게 대수롭지 않은 일일 수 있을까?

"이혼은 잘하신 일일세. 자네 형제들에게는 안 된 일이지만."

그의 한마디가 뇌리에서 떠나지 않았다. 우리 형제들은 그렇게 헤어진 지 십 년이 넘도록 서로 만나지 않고 남처럼 지냈다. 막내를 제외하고는 우리 모두에게 가정이 생겼다. 작은형이 간간이 보내오는 편지에는 나처럼 큰형이 새로 사업을 시작했고 – 아버지가 다시 시작한다고 큰소리치더니 결국 사업을 시작한 사람은 형이었다 – 나름 잘 나간다는 이야기가 적혀 있었다. 그리고 계속 보내오는 편지에 따르면 큰 형은 아이를 셋이나 낳았고 작은 형도 아이가 둘 있으며 이제 큰형이 아버지를 대신해서 집안을 이끌어가고 있다는 것이었다. 아버지의 전통에 따르면 아마 큰형의 말이라면 팥으로 메주를 쑨다고 해도 집안 전체가 곧이들어야 할 것이다. 작은형은 그럭저럭 살 만하다고 하지만 난 안다. 작은형 집의 돈까지도 큰형이 주무르면서 죽지 않을 정도의 생활비만 주고 나머지는 다 자기가 쓸 거라는 걸. 작은형이 편지를 보내올 때마다 나도 간단하게나마 답장을 썼다. 당연히 그 답장이 큰형의 눈앞에 펼쳐지리라는 것을 알았기에 조심스러웠다. 나도 결혼을 해서 아이가 둘 생겼고 공장은 큰형만큼은 아닐 테지만 굶지 않을 정도로 돌아가고 있으며 막내는 대학생인데 우리와는 완전히 다른 인종이라고 썼다. 하긴 막내는 우리만큼 고생해 본 적이 없는 아이였다.

그런데 얼마 지나지 않아 소문이 들렸다. 큰형의 회사가 정상적인 회사가 아니라는 소문이었다. 소문은 내가 납품하고 있던 그 신사분의 회사 직원들로부터 흘러나온 것이었는데 큰형의 회사가 깡패들과 거래하고 있다는 것이었다. 그 깡패들은 겉으로는 합법적인 법인을 소유하고 있었지만, 뒤로는 온갖 불법적인 짓들을 저지르며 이익을 챙기는 사람들이었다. 명목상으로는 기계부품을 만드는 회사였지만 부품을 만드는 건 완전히 형식적인 사업이고 뒷전으로 하는 도박, 마약, 매춘, 유흥업 등등이 진짜 본업이었다. 그러니까 형은 아버지의 사업을 잇는다는 명목으로 어둠의 세계와 거래하고 있었던 것이다. 큰 형네가 그렇게나 빨리 다시 일어서게 된 이유는 그렇게 해서 설명이 되었다.

막내는 아버지가 어머니를 야구방망이로 두들길 때와 아버지가 어머니가 내민 이혼서류에 도장을 찍으면서 막말하는 등등의 현장에 있지 않았던 유일한 형제였다. 난 막내가 이 모든 사정을 모르기 때문에 행여 아버지나 큰형 작은형에게 동정적이 되지 않을까 염려했다. 그렇다고 해도 막내에게 모든 사정을 있었던 그대로 설명해 줄 수도 없는 일이었다. 그냥 아버지와 어머니는 서로 도저히 같이 살 수 없는 성격차이로 헤어졌다고만 말해 두었고 그렇게 넘어가는 것 같았다. 그렇게 몇 년이 지났지만, 막내는 특별히 그 문제에 관심 두지 않았고 나도 염려를 잊어갔다. 작은형이 막내에게 따로 접촉할까 봐 늘 막내를 감시했지만 그런 일은 일어나지 않았다. 하지만, 어느 날 막내가 내 앞에서 지나가듯이 한 어떤 말 때문에 내 속은 다시 까맣게 타들어갔다. 막내는 나에게 이렇게 말했다.

"우리는 왜 큰형 둘째형하고는 전혀 왕래가 없어? 부모님은 이혼했어도 우리 형제는 남이 아니잖아."

나는 그러지 않아도 곧 만나게 될 거라고 대충 얼버무렸지만 지킬 수 없는 약속이었다. 작은형은 어떤지 몰라도 아버지와 큰형은 우리 식구를 완전히 철천지원수로 생각하고 있었고 복수의 날만을 꿈꾸고 있다는 것을 난 알고 있었기 때문이다. 그들의 목적이 우리 식구가 완전히 아버지와 자신에게 다시 굴복해서 무릎을 꿇고 용서를 빌며 다시 돌아오게 하는 것이었음을 나는 모를 수 없었다. 거기에는 아버지의 분노와 그것을 고스란히 이어받은 큰형의 분노가 있었고 나는 멀리서조차 그것을 느끼고도 남음이 있었다.

사업을 시작한 지 몇 년이 지나지 않아 내 회사는 탄탄한 기업으로 성장했다. 물론 거기에 가장 큰 도움을 준 존재는 그 신사분이었다. 그는 나에게 사적인 도움은 일절 준 적이 없다. 하지만, 우리 회사가 납품하는 물건을 그분의 회사에 대는 이상 그분의 회사가 성장할수록 우리 일거리도 많아지는 셈이었다. 그분의 회사는 경쟁자가 거의 없었으므로 가만히 앉아 있어도 성장하고 있었다. 그리고 내 회사도 그에 따라 줄기차게 성장을 거듭했다. 나는 기계부품을 한 회사에만 납품하는 것으로는 희망이 없음을 알았기에 어느 정도 회사가 커지자 도소매업 분야로 진출을 시도했다. 일반 기계부품은 이전처럼 계속 생산했지만 나 나름대로 물건을 개발해서 대리점을 통해 일반 소비자들에게도 판매하기 시작한 것이다. 처음에는 가스보일러를 만들었다. 대리점을 몇 개 만들고 우선 내가 사는 지역부터 판로를 개척해 나갔다. 당시 가스보일러는 연탄보일러를 막 대체하고 있었다. 사업은 잘될 수밖에 없었다. 어머니는 진작 그분으로부터 원조를 받지 않고 있었지만 내가 버는 것만으로도 우리 가족은 단독주택을 사고 중형차를 굴릴 정도가 되었다. 막내는 군대를 마치고 대학원까지 들어가서 공부할 수 있었고 그 역시 혼자 굴리는 소형차 한 대로 통학했다. 물론 내가 사준 것이었다. 보일러 사업이 잘되자 나는 건축 분야까지 진출했다. 내가 지은 주택에 내가 만든 보일러를 설치하면 되니 누이 좋고 매부 좋은 일이었다. 주로 단독 주택이나 전원주택을 짓는 것이었는데 마침 대도시마다 신도시가 들어서고 신도시마다 단독주택 단지가 생겨나면서 이 사업도 아주 잘됐다.

그러는 동안 큰형 쪽의 사업도 성장해 나가고 있었다. 하지만, 그가 어둠의 세계와 손을 잡았다는 것은 불법적인 일을 통해 자기의 목적을 달성할 가능성을 의미했다. 아니나 다를까 난 그 신사 분의 회사 직원들을 통해 큰형의 회사가 시장을 교란하고 있다는 소식을 접할 수 있었다. 깡패들의 자금을 동원해서 그 신사 분의 회사 지분을 사들이고 있다는 것이었다. 그는 일반 투자자들을 협박해서 지분을 헐값에 넘기게 하는 마피아스러운 방식을 통하여 야금야금 지분매입을 하고 있었다. 결국, 그 참아줄 수 있는 한계를 넘어서는 수준이 되자 그 신사 분의 건강이 타격을 입었다. 결국, 그는 회사의 경영권을 자기 아들에게 넘기고 은퇴하고 말았다.

그의 아들 – 우리는 그를 최 사장이라고 불렀다 – 은 아버지
와는 좀 다른 사람이었다. 그는 그러한 불법적인 일을 가만히 보
고 있지 않을 불 같은 성미를 가진 인물이었다. 결국, 그는 큰형
의 회사를 접수할 계획을 세웠고 그것을 실행에 옮겼다. 일단 큰
형의 회사와 거래하는 다른 회사들에 압력을 가해서 큰형의 회사
와 거래를 끊도록 종용했다. 이것만으로도 큰형 회사에는 큰 타
격이었고 나는 이러한 상황의 전개가 곱게 끝나지 않으리라는 불
길한 예감에 휩싸였다.

어느 순간부턴가 난 작은형이 나와 연락을 주고받지 않으려
한다는 것을 알게 되었다. 그리고 막내는 언제나 나에게 도전적
이었다. 그만큼 돈도 벌고 그 신사 분에게서 독립했으면 이제 가
족을 챙겨야 하지 않느냐는 말을 했다.

"네가 말하는 그 가족이라는 게 무슨 의미냐?"

"몰라서 물어?"

"안다. 어머니와 나 그리고 너만 의미하는 것은 아니겠지."

"아버지가 엄하시고 외골수라는 것은 알지만 그래도 아버지
아냐? 그리고 어렵게 사시는 두 형님은 그냥 내버려 둘 거야?"

"형들이 어려운 걸 네가 어떻게 알아?"

"……"

"혹시 작은형이 너에게 무슨 말을 한 거냐?"

"……."

막내는 이 부분이 되자 입을 다물었다. 난 작은형이 막내에게 온갖 거짓말을 일삼아 그의 마음을 흔들었다는 것을 알았다. 막내에게 아무것도 말하지 않은 것은 내 잘못이었다. 그에게 진실을 알렸어야 했다. 그에게 진실을 알리지 않고 진실이라고 믿어지는 말을 작은형에게 먼저 듣게 한 것이 잘못이었다. 작은형의 말은 진실일지라도 오직 그들에게만 진실이었다. 진짜 막내가 알아야 할 것은 막내가 지금 누리는 자유와 행복, 그리고 풍요는 절대로 아버지 또는 큰형이 줄 수 없으리라는 점이었다. 그건 솔직히 내가 준 것이고 더 엄밀하게 말하자면 그 신사 분이 주신 것이었다. 정말 인정하기 싫고 때로는 자존심이 상하는 사실이지만 그걸 인정하지 않는다고 해서 사실이 사라지거나 바뀌는 것은 아니다. 난 막내에게 이렇게 말했다.

"우리 집안이 다시 합쳐지게 되면 그날이 바로 네가 지금 누리는 자유와 풍요를 다 잃어버리는 날이다. 네가 인정하기 싫더라도 내 생각은 안 바뀐다. 작은형이 네가 앞으로 또 무슨 말을 할지 모르겠지만 난 말리지 않겠다. 그쪽으로 가서 살 거면 네 마음대로 해. 하지만, 어머니와 나는 가지 않을 거다."

"왜 아버지와 큰형 작은형을 이쪽으로 모실 생각은 못해?"

"그건 되지 않는 일이기 때문에 그렇다. 그쪽은 그 신사 분과 우리 식구가 이미 하나로 붙어먹은 줄 알고 있고 그래서 아직도 이를 갈고 있는데 어떻게 그게 되겠니? 이 순진하기 짝이 없는 헛똑똑아.”

“그래도 만나볼 수는 있잖아? 형은 왜 큰형 둘째형과는 만날 생각도 안 해?”

어차피 한 번은 만나고 그간의 이야기를 해야 했다. 그동안 그렇게 피하고 싶었지만 피할 수 없는 일이었다. 결국, 난 막내의 설득에 못이기는 척하고 만나기로 했다. 하지만, 작은형이 제시한 조건은 사실 우리에게는 정말 받아들일 수 없었다. 자기 회사로 오라는 것이었고 오직 나와 막내만 와야 한다는 것이었다. 무슨 위험이 도사리는 줄 모르고 우리 둘만 오라니…. 무섭지 않다면 거짓말이었다. 큰형은 그 신사분과 붙어먹고 납품까지 한 나를 틀림없이 가만두지 않을 것이다. 하지만, 맞을 때 맞더라도 병신이야 만들까 하는 생각으로 눈을 질끈 감고 만나기로 했다.

헤어진 지 20년 만의 만남이었다. 큰형의 나이 마흔셋, 내 나이가 서른여덟이었다. 아버지는 일흔이 다 되어서 이제는 정말 뒷방 늙은이가 됐고 어머니도 예순이 넘으셨다. 이 두 사람은 이제 다시 만난다고 해도 특별한 의미는 없을 것이다. 하지만, 아직 젊은 우리 형제 넷은 아주 특별한 감회에 젖을 수밖에 없었다. 큰형의 회사 사장실에서 우리 네 형제는 다시 만났다. 만남의 자리는 내 두려움과는 달리 화기애애했다. 사업 이야기는 생각과는 달리 전혀 오가지 않았다. 화제를 주도한 것은 늘 화통한 웃음으로 분위기를 띄우려 애쓰던 큰형이었다. 적어도 내가 느끼기에 그것은 마치 자신이 생각보다 관대한 사람이라는 것을 애써 보여주려는 웃음이었다. 큰형의 주위에 굽실거리는 직원들과 젊고 예쁜 여비서들이 한가득 서서 분위기를 맞추려는 모양새가 정말 어색했다. 도대체 회사 규모가 얼마나 크기에 이렇게 비서를 많이 두고 있을까 하는 생각이 머리에서 떠나지 않았다. 내가 듣기로는 큰형의 회사는 깡패들의 자금을 운용하고 있기는 했지만, 매출은 얼마 되지 않는 회사였다. 게다가 무리한 지분 매입, 그에 따른 최 사장의 보복으로 회사 내부적으로는 정상일 리 없었다. 그러니까 큰형은 우리 앞에서 잔뜩 허세를 부리고 있었던 것이다.

하지만, 적어도 막내에게 큰형은 내가 나쁘게 말한 바와는 전혀 다른 사람으로 각인될 것이 틀림없었다. 화기애애한 모임을 마치고 차를 타고 돌아오는 길에 막내는 나에게 말했다.

"형이 말하는 것과는 완전히 딴판이던데? 큰형 성격이 많이 관대해 진 것 같아."

"그렇게 보이니?"

"내가 기억하는 것과는 많이 달랐어. 그런데 둘째형이 회사가 어렵다고 하던데 직접 보니까 엄살이었네."

"아니다. 큰형 회사 어려운 거 사실이야. 우리에게 어려운 거 보여주지 않으려고 일부러 그렇게 보인 거다. 가족 만남에 비서들을 그렇게 대동하는 사람이 어디 있니? 우리에게는 둘만 오라고 하고선."

내가 무슨 말을 하든 백문이 불여일견이라고 막내는 큰형을 왠지 전보다 더 신뢰하게 된 것만 같았다. 그건 큰형이든 작은형이든 막내를 맘대로 이용해 먹기 더 좋아졌다는 것을 의미했다. 만남이 있은 지 오래지 않아 막내에게는 작은형으로부터의 제안이 도착했다. 그건 막내가 자기들의 공장을 사용해서 사업할 수 있게 해 주겠다는 것이었다. 그건 막내가 나에게서 얻어먹는 생활을 더는 하지 않아도 된다는 뜻이었다. 사업자금이 필요하면 그것도 큰형이 장기 무이자로 빌려 준다고 했다. 막내는 흔들렸다. 나는 결코 순진무구한 풋내기 날라리에 불과한 막내에게 그런 제안을 하지 않을 것이 뻔했기 때문이다. 사업이 어디 애들 이름인가. 그렇게 쉽게 시작한 사업치고 제대로 되는 사업을 나는 보지 못했다. 사업은 인생을 걸어야 하고 그만한 절박함이 있어도 성공할까 말까 하는 것이다.

"쉬운 일, 조건이 너무 좋은 일은 언제나 뒤에 가시가 있다. 잘 생각해라."

"형도 최 사장 아버지의 덕을 봐서 여기까지 왔으면서…."

"난 기업윤리에 어긋난 일은 한 적 없어. 근로자 임금 정상적으로 주면서 일했고 빌려도 되는 돈만 빌렸다. 그리고 덤핑하지 않고 제 가격에 납품했고. 하지만, 큰형의 제안은 너무 파격적이라 나중에 무슨 대가를 치러야 할지 몰라."

"걱정도 팔자네. 형처럼 핏줄을 외면하고 살면 나중에 외로워져."

결국, 내가 예상했던 대로 막내는 큰형의 제안을 덥석 받아들였다. 막내는 큰형의 회사가 가지고 있던 제2공장을 사용해서 물건을 만들었다. 큰형이 빌려준 돈이 있었던 데다 시설 및 사무실 임대료는 없고 근로자 임금도 터무니없이 적게 주어도 되었던 까닭에 기획도 시장조사도 형편없었고 기술력이라고는 보잘것없는 수준이었던 막내의 물건이 나름대로 시장에서 팔리기 시작했다. 그건 순전히 가격경쟁력에 의한 판매 효과였다. 사람들은 싼 것은 그게 좀 비지떡이라고 할지라도 결국 싼 맛에 사는 법이다. 막내는 이러한 작은 성공에 도취하여 어깨에 힘을 잔뜩 주고 다녔다. 막내는 점점 큰형을 닮아갔다.

난 큰형 작은형 없이 20년을 살았지만, 딱히 그들이 그리웠던 적은 없다. 하지만, 어머니와 아버지는 생각이 다를 것이다. 그분들은 죽기 전에는 자식들과 손자들을 보셔야 했다. 나는 결국 큰형과 만났고 막내가 그의 도움을 받는 것도 허락했다. 피는 물보다 진하다는 말은 어렸을 때는 당최 이해되지 않았더랬다. 하지만, 나이가 들면서 핏줄은 자르려고 해도 잘라지지 않는다는 것을 알게 되었다. 또한, 큰형이 이것을 이용해서 자신의 목적을 달성하려 한다는 것도 알게 되었기에 난 두려웠다. 이러한 큰형의 속내를 아는 것은 나뿐인 것 같았다. 나는 막내가 나에게 뭐라 할 때마다 '내가 그렇게 이기적이고 나밖에 모르는 나쁜 사람인가.' 하는 생각을 했다. 정말 내가 느끼는 것이 나의 못된 마음 때문인가….

처음에는 아버지가 나와 막내를 만났고 그다음에는 어머니가 큰형과 작은형을 만났다. 우리 네 형제가 큰형의 사장실에서 만난 지 몇 개월 후였다. 하지만, 그들은 결코 이쪽으로 오는 법이 없었다. 난 그런 면에서 그들이 밉기도 했고 신뢰가 가지 않기도 했다. 그들은 결코 자신의 것을 양보하거나 포기하는 법이 없었던 것이다. 항상 자기들이 원하는 방향으로 미리 모든 것을 결정해 놓고 크게 아량을 베푼다는 듯이 행동했던 큰형과 작은형이 솔직히 나는 역겨웠다. 하지만, 20년 만에 다시 본 아버지의 모습은 그 역겨움을 지워낼 정도로 초라했고 나는 연민을 느꼈다. 큰형이 아버지를 어떻게 모셨는지 상상할 수 있었다. 아버지의 주름은 깊었고 머리부터 발끝까지 살집 하나 없이 말라 있었다. 일

평생 자존심 하나만 가지고 살던 아버지는 우리 가족에게는 정말 미운 사람이었지만 그 대가를 치르며 노년을 보내는 것이다. 난 큰형이 정말 아버지를 존경해서 따랐는지 의문이 들었다. 큰형은 아버지를 모시고는 있었지만, 아버지가 가족에게 했던 것보다도 훨씬 더 혹독하게 아버지를 대하는 건 아닐까. 아버지는 형들 몰래 나에게 대뜸 이런 말을 했다.

"성공해서 잘살고 있다니 다행이구나. 그런데 요즘 네 형들이 좀 어려운가 보더라. 네 큰형과 작은형 애들이 새 옷도 잘 못 사 입고 먹는 것도 부실해. 내가 뭐라 하고 싶어도 회사 사정이 어려운 걸 내가 뭐라고 하겠느냐."

아버지가 원하는 게 뭔지 난 알 수 있었다. 형들을 대신해서 돈을 좀 보내달라는 말을 내게 한 것이었다. 그 돈이 어디에 쓰일지 안 봐도 훤했지만 그렇다고 외면할 수도 없었다. 난 정기적으로 아버지 계좌에 돈을 넣어 드리기로 했다. 사실 그 돈은 적잖은 돈이었다. 그저 노인네 생활비로 쓸 정도의 금액이 아니었다. 여러 식구에게 쓰일 돈이니 식구 수 대로 계산해야 했고 회사도 어렵다니 회사에 도움이 될 만큼 챙겨 넣어야 했다. 그러다 보니 내가 모아둔 돈의 잔고가 적잖이 구멍이 났다. 하지만, 난 이렇게 함으로써 마음의 짐을 덜고 싶었다. 난 내가 이기적이 아니라고 스스로 위로하고 싶었는지도 모른다.

그렇게 몇 년이 또 지났다. 내 아이들은 이제 커서 초등학교에 다니고 있었고 남부럽지 않은 경제적 혜택 속에서 여러 존경받는 분들의 자제들과 친분을 맺어가고 있었다. 난 내 두 아들이 참으로 대견했다. 이 아이들에게는 우리 집안의 가족사만큼은 알려주고 싶지도 않았고 거기에 끌려들어 가게 하고 싶지도 않았다. 난 그들을 자유롭게 사는 자유로운 영혼이 되도록 키울 생각이었다. 더는 집안을 위해서 살지 말고 아버지를 위해서도 어머니를 위해서도 살지 말고 자신이 하고 싶은 일을 하며 살고 싶은 삶을 살게 되기를 바랐다. 자유롭고 행복하게 자신의 삶을 살 수 있기를 바랐다. 더 나아가 자신의 이상을 위해 자신의 삶을 내던질 수 있는 숭고한 용기를 가지고 살 수 있기를 바랐다. 우리 세대가 그렇게 하고 싶어도 그렇게 할 수 없었기에 그들은 더욱더 그렇게 살아야 했다.

어느 날 나는 최 사장의 회사에 치명타가 될 만한 신문기사와 광고를 연이어 접하게 되었다. 그것은 최 사장 회사의 기업 이미지에 타격이 되고도 남을 비방성 기사와 광고들이었다. 도대체 누가 이러한 짓을 한 걸까…. 나는 이러한 짓을 할 사람은 한 사람밖에 없다는 것을 알고 있었다. 아니나 다를까. 최 사장이 나를 호출했다. 나는 큰형에게 불려가고 또 최 사장에게도 불려가는 시다 같은 존재였다. 난 큰형에게 그동안 끌려 다녔고 그 덕분에 큰형은 다시 재기의 발판을 마련하고 발톱을 다시 갈아 최 사장을 공격했다. 최 사장은 나를 부른 자리에서 그것을 추궁했다.

"큰형이라는 분에게 그동안 상당한 돈을 보내셨다면서요?"

"아…. 네…. 그건 큰형님에게 보낸 것이 아니라 아버지께 보낸 겁니다."

"왜 보내셨습니까?"

"사실 큰형 회사가 어려워져서 아버지와 애들까지 힘들게 산다는 말을 듣고 제가 식구 전체가 쓰라고 돈을 좀 많이 보냈습니다. 그게 큰 문제가 될 줄은…."

"제 아버님이 그동안 도와드린 것을 생각하신다면 그러면 안 되는 거 아닙니까?"

"그건 그렇습니다만 그래도 가족이고 부모가 아닙니까? 핏줄이란 건 어떤 논리로도…."

"이 친구가 지금 무슨 소리 하는 거야?"

최 사장은 은퇴한 자기 아버지와는 전혀 다른 눈으로 나를 바라보았다. 그리고 옆의 부하 직원에게 나에 대해 비아냥거리듯 말하면서 "이 친구"라고 말했다. 그 신사 분은 나에 대해 한 번도 그런 식으로 말한 적이 없었다. 그는 그 신사 분의 아들이었지만 나에게는 완전히 남이었다.

"이봐요. 박 사장님. 당신이 지난 몇 년간 보낸 그 돈이 모이면

수억이 넘어요. 그 돈을 가지고 당신 큰형이란 사람이 우리 회사
에서 문제가 있어서 그만둔 사람들에게서 반협박 반 매수로 우리
회사 약점을 캐내서 공격하는 겁니다. 그 사람은 당신이 도와주
지 않았으면 진작 회사 말아먹었을 인물이에요. 당신 큰형이란
사람하고 거래하는 조폭들이 의리로 그 사람하고 같이 일하는 줄
아십니까? 다 이용가치가 있으니까 그러는 겁니다."

최 사장 말 중에 틀린 말은 하나도 없었다. 지난 몇 년간 큰형
의 작전은 모두 수포로 돌아갔다. 최 사장 회사의 지분을 사들였
지만, 최 사장이 반격하자 더는 지분 매입을 늘려 갈 수 없었고
결국 사 놓았던 지분마저 포기해야 했다. 그에게 남은 것은 자금
을 대준 조폭들, 사채업자들, 깡패들, 양아치들에게 주어야 할 이
자였다. 다행히 그들이 동업자인 그에게 수십 수백 퍼센트의 고
리를 물리지 않았기에 망정이지 큰형이 일반 채무자였다면 어디
서 장기라도 떼였을지 모르는 일이었다.

사실 그동안 큰형의 회사를 근근이라도 돌아가게 한 사람은
막내였다. 어둠의 세계의 신뢰를 잃어버린 큰형은 자기 회사만으
로는 업계에서 살아남을 수 없었다. 하지만, 막내는 마치 앵벌이
소년처럼 큰형과는 완전히 다른 이미지의 사업을 하고 있었다.
공장을 제공하는 사람은 큰형이었지만 말이다. 막내의 사업은 어
느덧 자리를 잡았고 거기서 나오는 수익 일부는 큰형에게로 들어

갔다. 큰형은 그 돈을 가지고 자기 회사의 적자를 메우고 있었으
므로 막내가 독립한다면 큰형에게는 큰 타격이었다.

난 최 사장이 원하는 것이 무엇인지 알았다. 그건 이제는 아버
지에게 돈을 부치지 말라는 것이었다. 근근이 살아가는 큰형네와
작은형네 식구들에게 그 말은 가난을 대물림해야 한다는 말이었
다. 난 내 자식들과 그들의 자식들을 비교하지 않을 수 없었다.
내 아이들과 막내의 아이들은 남부럽지 않게 살아가고 있었고 그
들의 앞날은 희망으로 가득 차 있다. 그들은 그들의 꿈을 실현할
수 있는 조건을 갖추었다. 하지만, 저쪽 아이들의 조건은 마치 아
버지 사업이 망하고 난 후의 우리 네 형제의 조건과 다를 바 없
다. 이건 너무 불공평한 일이었다. 우리 네 형제는 한 핏줄이고
한 형젠데 어떻게 그 자식들의 삶은 이렇게 달라야 할까.

난 아버지 계좌에 더는 돈을 부치지 않았다. 최 사장이 무서워
서도 그 아버지와의 신의를 지키려고도 아니었다. 아버지를 망하
게 한 그 회사—지금은 완전히 다른 사람이 경영하고 있지만—처
럼 부도덕한 방법으로 업계를 교란시키는 큰형의 회사에 범죄자
금을 공급할 수는 없었기 때문이다. 난 돈을 끊으면 아버지가 바
로 연락을 할 줄 알았다. 하지만, 아버지로부터는 어떤 연락도 없
었다. 그렇게 불안한 시간이 지나가자 결국 터질 게 터졌다. 큰형
은 막내에게 공장 근로자들의 임금을 100퍼센트 인상해 달라고

요구했다. 그렇게 해 봤자 업계 평균임금보다 못한 수준이었지만 갑작스러운 요구에 막내는 말도 안 된다며 흥분했다. 큰형은 이미 막내에게 전처럼 살갑게 대하지 않았을 뿐더러 만나 주지도 않았고 툭하면 말도 안 되는 시비를 걸어 막내 회사의 직원들의 공장 출입을 막았다. 이런 불안정한 상황이 계속되자 막내 회사도 결국 적자를 내기 시작했다. 결국, 막내는 독립하기로 마음먹었지만, 그것도 뜻대로 되지 않았다. 독립을 하려면 그동안의 공장 사용료와 공장 근로자의 퇴직금을 일시금으로 지급해야 하며 그렇지 않고 야반도주를 할 경우 피의 보복이 있을 거라는 큰형 측의 경고 때문이었다. 큰형의 뒤에는 조폭들, 깡패들, 양아치들이 있었기에 막내는 독립할 수도 없었다.

결국, 막내는 임금을 올려주지 못한 채 적자가 늘어나는 태업 상황을 지켜보아야 했다. 난 막내에게 전에 경고한 것이 결국 맞아떨어지는 것을 보고 한숨을 쉬었다. '그건 볼모였어. 막내를 볼모로 삼고 나를 마음대로 조종해 보겠다는 거였어….' 난 자책했지만, 마냥 자책하고 있을 여유도 없었다. 막내를 구할 길을 연구해야 했다. 우선 그동안 아버지에게 돈을 보냈던 것처럼 조금씩 막내에게 보내 적자를 메우도록 하고 그쪽 근로자들에게 줄 퇴직금을 조금씩 주면서 사업 규모를 줄여나가게 했다. 하지만, 큰형의 요구는 끝날 줄 몰랐다. 언제 그 지옥 같은 사업장에서 발을 뺄 수 있을지 모르는 일이었다. 그건 밑 빠진 독에 물 붓기였다.

최 사장은 결국 칼을 빼들어 큰형에게 보복을 시작했다. 최 사장은 큰형을 검찰에 고발했고 검찰에서는 큰형의 동업자들을 하나씩 하나씩 잡아들이기 시작했다. 큰형은 범죄에 가담한 혐의가 있는지 조사를 받으러 검찰을 자기 집 드나들 듯했다. 나 역시 증인으로 검찰에 드나들었다. 거기서 난 큰형과 대질 심문까지 받았다. 거기서 큰형이 나를 보던 눈은 증오였고 남을 대하듯 하는 차가운 눈이었다. 그건 아버지가 어머니를 짐승 다루듯 하며 욕했을 때 그때 아버지의 눈이었다. 난 그리고 거기서 큰형의 아들도 봤다. 난 너무 놀랐다. 큰형의 아들은 이미 장성해서 열여덟 살이 되어 있었는데 그의 눈도 그 아버지인 내 큰형의 눈과 조금도 다르지 않았던 것이다.

아직 막내는 사업 규모를 줄여나가면서도 큰형의 공장에 있었고 난 막내에게 무슨 해가 미칠지 늘 노심초사했다. 하지만, 해는 막내에게 미친 것이 아니었다. 그들의 목표는 바로 나였다. 결국, 그해 겨울 첫 싸락눈이 하늘을 뒤덮던 날, 내가 가장 우려하던 일이 일어나고야 말았다. 그들은 "가족의 배신자"인 나에게 복수하기로 한 것이다. 나의 가장 귀한 것, 가장 소중한 것에 타격을 주기로 한 것이다. 그렇게 나는 내 작은 아들을 잃었다. 난 작은아들이 습격을 받은 그 자리에 없었기에 현장을 보지 못했다. 하지

만, 목격한 사람들의 증언으로는 작은아들은 작지만 날카로운 칼
로 백여 군데 이상 찔렸다고 한다. 난 할 말을 잃었다. 어떻게 사
람의 탈을 쓰고 이럴 수가 있단 말인가.

  내 큰아들은 이 모든 일을 전해 듣고 곧바로 복수를 결심했다.
내 큰아들만 복수를 결심한 것이 아니었다. 막내도 막내의 자식
들도 복수를 결심하며 눈물을 뿌렸다. 아마 울지 않았던 사람은
나뿐이었던 것 같다. 난 죽은 아들에게 너무 죄스러웠기에 울 수
없었다. 가족이라는 이름이 주는 죄책감에서 벗어나자고 아버지
에게 돈을 보냈던 나는 결국 그것 때문에 작은아들을 잃었다. 그
건 내 잘못이었고 그래서 난 울 수 없었다. 하지만, 아무도 없을
때 난 혼자서 울었다. 울음소리가 혹시라도 새 나갈까 염려하며
난 그렇게 울음을 삼켰다.

  나에게 더 큰 걱정은 자유롭고 행복하게 자기 자신의 인생을
살아야 할 아이들이 복수심을 불태우며 인생을 살기로 마음먹었
다는 것이다. 전에는 결코 힘과 권력에 관심이 없던 아이들이었
다. 하지만, 지금 그들은 힘과 권력을 가져서 저쪽 식구들을 완전
히 파멸시킬 생각으로 가득 차 있다. 난 그들이 맑고 구김살 없이
자신만의 인생을 행복하게 살아가기를 바랐다. 지금처럼 복수심
에 불타 인생을 복수를 위해 바치겠노라고 다짐하는 일만은 없기
를 바랐던 것이다. 나의 아이들도 막내의 아이들도 우리처럼 살

게 할 수는 없었다. 하지만, 복수에 불타고 복수를 외치는 이 불행한 상황에서 우리 아이들이 어떻게 자유와 행복을 되찾게 하고 인생을 삐뚤어지지 않게 살게 할 수 있을까. 가족이라는 이름, 핏줄이라는 이름이 어떻게 이렇게 사람들의 행복을 빼앗아갈 수 있는지 난 도저히 알 수가 없어 고개를 내저었다. 처음부터 핏줄이라는 이데올로기를 품고 산 것이 문제가 아니었을까. 그들과 우리 사이에 무슨 공통점이 있었기에 난 그동안 그렇게 핏줄에 연연했던 것일까.

결국, 그들과 우리는 완전히 남남이 되고 말았다. 우리는 언제 가족이었는지조차 잊었다. 애초에 같은 성씨를 쓰고 있다는 것 외에 사실 우리가 공유하고 있던 것은 아무것도 없었다. 그리고 남이라는 것보다 더 못한 핏줄이라는 증오심에 젖어서 우리는 전보다 더 불행해졌다. 작은아들이 죽은 그 사실보다 더 비참한 현실은 그들과 우리 사이의 증오심이 원래 남이었던 사람들 사이에 존재하곤 하는 미움보다 훨씬 더 거대하다는 것이었다.

난 자문한다. 과연 우리가 한 핏줄이었을까. 남보다 더 못한 우리는 과연 한 가족이었던가. 핏줄이란 이름을 가지고 그렇게 잔인할 수 있는 사람들을 난 아직도 가족이라고 부를 수 있을까…

부자가 되는
세 가지 방법

부 자 가 되 는 세 가 지 방 법

첫 번째는 금이로군.

이런 글귀가 새겨져 있구나.

〈나를 고르는 사람은 다수가 바라는 것을 얻으리라〉

두 번째는 은이렷다.

〈나를 고르는 사람은 그 자신에 합당한 것을 얻으리라〉

세 번째는 무겁기 짝이 없는 납인데다

그 씌어 있는 것마저 불친절하기 이를 데 없구나.

〈나를 고르는 사람은 그가 가진 모든 것을 내걸어야 하리라〉

셰익스피어 『베니스의 상인』 중에서

오늘 강연은 아마 재단이사장으로서 제 마지막 강연이 되지 않을까 싶네요. 오늘은 제가 지난 60년간의 이사장직을 마치는 특별한 날이니 특별한 이야기를 하지 않을 수 없군요. 이 재단을 설립한 사람이 저의 아버지인 것은 다들 아시겠지만, 아버지가 어떤 분이셨는지는 오직 아시는 분만 아시죠. 제 아버지는 시카고 마피아의 대부였습니다. 다들 놀라셨나요? 아버지는 제 나이 스무 살이 되던 해에 괴한의 총에 맞고 쓰러져 다시 일어나지 못했습니다. 슬픔에 빠져 있던 제게 변호사가 읽어준 아버지의 유언은 다음과 같았습니다.

나는 마피아의 삶을 살면서 온갖 추악한 짓을 일삼는 자들과 훌륭하고 아름다운 삶을 사는 사람들을 두루 만나보았다. 돈을 벌어 놓고 보니 할 수만 있다면 죄를 짓지 않고 사는 것이 가장 행복한 삶임을 뒤늦게 깨달았지만 이미 때는 늦었으니 어찌랴. 나는 오래 살지 못하고 분명히 누군가에게 살해당할 것이다. 하지만, 내가 만난 지혜로운 사람들로부터 난 배운 것이 있다. 내가 죽으면 맏딸인 너는 내 변호사에게 맡겨 놓은 세 상자를 네 동생에게 보여주어 선택하게 해라. 그 상자들 안에 있는 잠언들을 따르든지 아니 따르든지 그것은 그들의 자유지만 그 상자들은 내가 남기는 유산 전부다. 너는 내가 남긴 재산으로 가난한 사람들을 돕는 재단을 만들어 내가 살아오며 흘린 피를 씻게 해다오. 명심해라. 어떤 방법으로도 학자금 이외의 도움을 그들에게 주어서는 안 된다.

큰아들, 그러니까 제 큰동생은 당시 열일곱 살의 제프리였고 둘째는 열여섯의 마이크 그리고 막내는 열네 살의 존이었습니다. 저는 아버지의 유언대로 세 남동생 앞에 금과 은 그리고 납으로 된 손바닥만 한 상자들을 늘어놓고 고르게 했습니다. 저는 지금까지 재단이사장으로 월급을 받으며 살고 있습니다만 제 불쌍한 동생들은 한 푼 받은 게 없었답니다.

세 명의 동생은 서로 상의한 끝에 순수하게 그들의 자유의지에 따라 서로 다른 상자를 골랐습니다. 제프리는 금, 마이크는 은 그리고 존은 납이었죠. 너무 뻔하다고요? 그럴 수도 있겠죠. 아마 제프리가 큰형으로서 금을 가지겠다고 우겼을 수도 있습니다. 하지만, 전 정말 그들이 어떻게 결정했는지 모릅니다. 아무튼, 결과는 그랬습니다. 그들의 말을 믿을 수밖에요. 금, 은, 납으로 도금된 세 상자에는 각각 다음과 같은 경고문이 새겨져 있었습니다.

금을 선택한 네가 바라는 것은 부유한 삶일 터, 네가 내 잠언

을 따른다면 손꼽히는 부자 중 하나가 되리라

은을 선택한 네가 바라는 것은 남들이 부러워할 만한 삶일 터,
네가 내 잠언을 따른다면 부와 함께 명예를 얻으리라

납을 선택한 네가 바라는 것은 불쌍히 여길 줄 아는 삶일 터,
네가 내 잠언을 따른다면 많은 사람의 마음을 움직이며 살게
되리라

저는 그들에게 아버지의 유언장에 담긴 내용을 짤막하게 전했습니다. 그리고 덧붙였죠. 상자 안에는 네 개의 유리병이 촛농으로 봉인되어 있을 것이며 유리병의 봉인은 절대로 때가 되기 전에는 풀어서는 안 되고 "어떤 상자를 선택했든 간에 그 안의 잠언을 따른다면 너희는 결국에는 부자가 될 것"이라고 말입니다. 물론 그들에겐 유리병에 담긴 아버지의 유언에 따라 살지 않을 자유도 있었습니다. 하지만, 아버지는 제 남동생들의 성정을 누구보다 잘 아시는 분이셨죠.

제프리는 상자를 열어 첫 번째 유리병의 봉인을 풀었습니다. 봉인을 풀자 안에 종이쪽지가 돌돌 말려 있었죠. 거기에는 이렇게 씍어 있었습니다.

부자가 되는데 학식은 무소용이라 종자돈이 너의 생명이니라

제프리는 아버지가 가르쳐 준 대로 고등학교를 졸업하고 대학에 들어가지 않았습니다. 대신 군대에 하사관으로 입대했죠. 제대할 무렵이 되자 그에게는 한 푼도 쓰지 않고 모은 장사밑천이 생겼습니다. 장사 밑천이 생기자 그는 두 번째 유리병의 봉인을 풀었습니다.

일찍 일어나는 새가 벌레를 잡고 종자돈을 크게 키울 수 있느니라

그는 아침 일찍 일어나서 신선한 재료를 사야 성공할 수 있는 일에 뛰어들었습니다. 제프리는 처음에는 가진 돈으로 생선가게를 열었죠. 그는 새벽에 항구로 들어오는 배에서 직접 물건을 떼었습니다. 그렇게 해서 그의 가게가 신선한 재료를 파는 가게로 소문이 나자 가게는 곧 성공했죠. 생선가게가 성공하자 제프리는 온갖 종류의 신선한 재료들을 들였고 가게는 하나의 마트로 발전했습니다. 그의 마트는 다른 마트와 다른 점이 있었죠. 생산자와 직거래하였을 뿐만 아니라 가장 신선한 재료를 가져다 놓았던 겁니다. 소비자는 그런 가게를 정말 좋아하죠. 결국, 그의 마트는

주변의 다른 마트를 누르고 그 지역 상권을 장악했습니다. 그는 그렇게 작은 성공을 거두었습니다. 그러자 그는 세 번째 봉인을 풀었고 거기에는 이런 말이 있었습니다.

일해서 어느 세월에 부자가 되겠느냐 돈이 모였으면 현금이 나오는 자산을 사라

제프리는 그의 마트 근처에 경쟁자가 생기기 전에 얼른 마트를 비싼 값을 받고 팔았습니다. 그리고 근처에 아무도 사지 않는다 쓰러져 가는 건물을 하나 사들였지요. 그 건물은 위치한 동네는 좋았지만, 건물 자체가 워낙 고약해서 아무도 거들떠보지 않던 건물이었습니다. 제프리는 건물 구매가 끝나자 건물을 전부 리모델 하고 점포의 수를 늘렸습니다. 그 건물에 들어서야 할 점포가 열 개라면 리모델 하면서 스무 개로 늘리는 식이었습니다. 그리고 그 점포들을 소매업자들에게 임대했습니다. 새로 지은 건물처럼 말쑥한 건물이 되자 상인들은 너도나도 비싼 임대료를 내고 들어왔습니다. 동네도 좋았기 때문에 건물은 금세 손님들로 들어찼고 제프리는 임대수익을 거두기 시작했죠. 이삼 년이 지나지 않아 그는 그 건물에 들인 돈을 다 건졌고 순이익을 내기 시작했습니다. 그러자 그는 같은 방식으로 도시에 있는 허름한 건물

들을 사들여 같은 방식으로 이익을 냈습니다. 그의 나이 서른이 좀 더 되어 그는 이미 중견 기업의 사장들보다 더 돈을 잘 벌고 있었고 그렇게 건물 수십 채를 사게 되자 그는 네 번째 유리병의 봉인을 풀었습니다.

돈은 돈으로 크게 버나니 세상을 살리고 죽이는 자는 은행이

니라

제프리는 뭔가 크게 깨달은 것 같았습니다. 그는 기회를 기다렸죠. 시중에 작은 은행이 매물로 나오자 그는 그것을 냉큼 샀습니다. 사람들은 그를 보고 미쳤다고 했죠. 안정적으로 임대수입을 주는 건물 수십 채를 한꺼번에 팔고 비전도 없는 작은 은행을 사다니 말입니다. 하지만, 제프리는 은행을 인수한 그날 밤 고급 바에서 면식도 없는 손님들의 술값을 전부 냈답니다.

그는 보통 은행들이 늘 하는 대로 우량기업에 돈을 빌려주고 이자로 수익을 올리는 정상적인 영업을 하지 않았습니다. 그는 기술력은 있지만, 자금력이 달리는 중견 기업들을 표적으로 삼았습니다. 그런 기업들이 왜 늘 돈이 모자라서 전전긍긍하는지는 저도 잘 모르겠습니다만 세상에는 그런 기업들이 해변의 모래처럼 많이 있답니다. 제프리는 그런 기업들을 몇몇 골라서 저리로

무한정 자금을 대 주었습니다. 기업주로서는 제프리가 구세주와 같았을 것입니다. 하지만, 어느 순간 제프리는 돈을 딱 끊었고 기업주들은 애걸복걸했지만, 소용이 없었죠. 기업들은 제프리의 소유가 되었습니다. 그리고 그는 그렇게 인수한 회사를 여러 조각으로 나눠서 대기업들에 팔았습니다. 그건 우량기업에 돈을 빌려주고 고작 이자수입만 받는 것에 비하면 몇십 배 남는 장사였죠. 그는 그렇게 은행을 키웠고 은행은 순식간에 성장했습니다.

은행이 커지자 그는 미국 정부를 상대로 일했습니다. 정부에서 채권을 발행하면 비싼 값에 사는 것이었습니다. 남들은 그런 손해 보는 장사를 왜 하느냐고 또 그를 비웃었지만, 그는 그렇게 함으로써 정부의 신용을 얻었습니다. 결국, 그는 미국 정부의 추천을 얻어 연방준비제도 이사회로 입성했고 그것이 바로 제프리가 최종적으로 의도했던 것이었습니다. 그가 벌어들이지 않은 돈으로 그는 수익을 올렸습니다. 그야말로 땅 짚고 헤엄치기라고나 할까요. 이런 메커니즘을 잘 모르시는 분들이 태반이시겠습니다만 원래 정말 거부는 자기 돈으로 장사하지 않는 법입니다. 그는 순전히 찍어내는 돈으로 수익을 올린 것이죠. 그건 없는 돈을 창조하는 창조의 예술이었습니다. 그는 그렇게 해서 전국적인 지점을 가진 은행주가 되었습니다. 나이 사십이 좀 넘은 젊은 나이에 그렇게 거부가 된 겁니다. 아버지의 유언이 현실이 되는 순간이었습니다.

　이제 제 작은동생 마이크의 이야기로 넘어가죠. 마이크는 은으로 된 상자 속에 있던 첫 번째 유리병을 열었습니다. 첫 번째 유리병에 담긴 잠언은 이러했습니다.

　명예와 부는 권력에서 나오나니 권력은 인맥이 도우며 또한

　사람들을 배부르게 하고 억울함을 풀어줌에서 나오느니라

　마이크는 아버지의 잠언이 의미하는 것을 얼른 이해했습니다. 그는 우리 세 동생 중에 가장 공부를 잘하는 아이였고 머리가 비상했거든요. 대학교와 학부를 정할 때가 되자 그는 정·재계 인사들의 아들들이 주로 입학한다는 컬럼비아 대학을 골랐습니다. 거긴 천재가 아니어도 갈 수 있었거든요. 그가 선택한 학부는 경제학부였고 대학원은 법학대학원이었습니다. 아버지가 말씀하신 그대로였죠. 학교에 입학하자마자 마이크는 정·재계 인사들의 아들들이 가입되어 있다는 클럽들에 두루 입회했습니다. 신고식은 말도 못하게 혹독했지만, 꾹 참았습니다. 원래 그런 폐쇄적인 클럽들일수록 신고식이 아주 고약한 법이죠. 여러분도 그런 추억들 하나쯤은 가지고 계시지 않나요? 하지만, 그건 추억이라고 할 수 없을 정도로 기괴하고 이상한 신고식이었습니다. 아무튼, 마

이크는 대학과 대학원을 졸업하면서 상당한 인맥을 쌓았습니다. 그리고 변호사 시험을 치고 정식 변호사가 되었죠. 이제 두 번째 유리병의 봉인을 풀 때였습니다.

민심은 바다이며 너는 배라 명심하라 권력은 결코 권력을 가 진 자에게서 흘러나오지 못하느니라

이번에도 마이크는 아버지의 잠언을 이해했습니다. 그는 유명한 대형 로펌에 들어가는 대신 보잘것없는 지역 로펌에 취직했습니다. 그리고 돈 되는 부자나 기업을 고객으로 삼지 않고 지역의 억울한 일반 시민을 고객으로 삼았죠. 물론 월급이나 제대로 받으면 다행이었을 겁니다. 하지만, 그는 지역 주민들 사이에 서서히 이름을 알리게 되었고 어느새 정치권에서 그를 주목하게 되었습니다. 그가 쌓아놓은 인맥이 힘을 발휘한 것이었습니다. 처음에는 여당에서 그에게 입당제의를 했는데 그는 일언지하에 거절했습니다. 그러자 이번에는 야당에서 입당제의가 왔는데 그는 좀 더 기다리겠다고 했죠. 곧 총선이 시행되었고 그 해 총선에서는 모든 사람의 예상대로 야당이 기록적인 참패를 당했습니다. 야당의 인기는 근 십 년 사이의 최저였고 그래서 아무도 야당에 기웃거리지 않았는데 이때가 바로 마이크가 입당할 시기였습니다. 야

당이 너무나 인기가 없으니 공천을 받는 것은 신인인 그에게도 어려운 일이 아니었죠. 그는 시간이 점점 야당의 편이 되어가고 있다는 것을 알았습니다. 다음 선거철이 오자 그는 여당이 경제적으로 지역을 낙후시켰으나 자신은 이러저러한 방법으로 지역경제를 살릴 수 있음을 역설했고 주민들은 그에게 표를 던졌습니다. 하지만, 무엇이 올바른 일이니 올바른 것을 선택하자고 부르짖던 상대 후보는 낙선하고 말았지요. 그렇게 그는 주지사 자리에 올랐습니다. 그리고 세 번째 봉인을 풀었습니다.

신분에 걸맞은 새 옷을 입고 그 옷을 살찌우면 구름 위에 오르리라

마이크는 주지사 8년을 역임했고 그 후에는 상원의원이 되었습니다. 그가 그렇게 순탄하게 정치생명을 이어갈 수 있었던 것은 그의 배후에 미국 유수의 기업들이 있었기 때문이었습니다. 그는 주지사가 되자 지역경제를 살린다는 명목으로 그 기업들에 기업을 경영하기 좋은 여건을 만들어 주었습니다. 하지만, 큰 기업들이 들어오면 토착 기업들과 그 종업원들, 근로자들은 망할 수밖에 없는 법입니다. 마이크는 얼마 되지 않는 그들을 버리고 새로 유입되는 인구로부터 표를 번 셈이었습니다. 지역에 공장이

막 들어서니까 사람들은 마이크에게 열광했고 다음 주지사 4년
과 상원의원 6년까지 선사했습니다. 그렇게 그는 14년을 공직에
있었죠. 상원의원 생활을 마칠 즈음이 되자 마이크는 마지막 봉
인을 풀었습니다. 거기에는 이렇게 씌어 있었습니다.

정점에서 은퇴하면 그 인기가 전부 부로 변하는 법이니라

그는 상원의원의 재선에 도전하지 않고 자리에서 내려왔습니
다. 권력에 연연하지 않는 그의 자세는 그의 인기를 식지 않게 해
주었고 그는 여러 곳에서 강연 초청을 받을 수 있었습니다. 강연
한 번에 근로자가 일 년간 벌어야 만질 수 있는 돈을 만졌으니 부
와 명예를 모두 챙긴 것 아니겠어요? 게다가 그것이 다가 아니었
죠. 그가 살찌워준 기업들이 그에게 사외이사 직을 제안했습니
다. 앞으로도 잘 봐달라는 뜻이었죠. 사외이사 직에는 응당 거액
의 스톡옵션이 걸려 있는 법입니다. 그렇게 마이크는 강연과 사
외이사 직으로 14년간의 기다림에 대한 보상을 넘치게 받았습니
다. 그는 자기 형 제프리보다는 못하지만 부를 얻었고 그에 더하
여 명예도 얻었습니다. 그의 나이 쉰 무렵이었습니다.

이제 마지막으로 막내 존의 이야기를 할 차례가 되었는데요.
존의 생애는 좀 특별했습니다. 존은 그의 나이 열네 살 때 아버지

의 잠언을 읽었습니다. 첫 번째 유리병이었죠. 거기에는 이렇게
씌어 있었습니다.

네 영혼을 두드리는 목소리를 들어라

존은 영혼을 두드리는 목소리를 들으려고 애썼습니다. 시간이
지나자 그에게 목소리가 들려오기 시작했습니다. 그것은 그의 아
버지 때문에 죽은 사람들과 그 가족들의 목소리였습니다. 그는
그 슬픈 목소리를 따라 그들을 찾아갔습니다. 그들은 아버지가
아니었다면 행복하게 살 수 있었을 사람들이었습니다. 그는 그들
한명 한명을 찾아 아버지를 대신해서 용서를 구했습니다. 그러자
그의 마음에 이상한 일이 일어났습니다. 이번에는 사람의 목소리
가 아닌 신비한 목소리가 들리기 시작했던 것입니다. 그는 그 목
소리를 따라 길을 떠났습니다. 그는 목소리가 안내하는 곳으로
이끌림을 받았고 그 길에는 경쟁 가게 때문에 망하게 되어 길거
리에 나 앉은 사람들, 비싼 임대료로 고통받는 소매상들, 자본이
부족해서 자식같이 키운 회사가 조각조각 나 팔려가는 것을 보고
자살한 기업가들과 그 가족들이 있었습니다. 그리고 치솟는 물가
에 자식을 학교에 보내지 못하고 가족이 뿔뿔이 흩어져 돈 버는
데만 온 생을 바치며 겨우겨우 살아가는 히스패닉 출신 근로자들

도 그는 볼 수 있었습니다. 그는 이 고통과 한숨의 근원이 무엇이 냐고 그 목소리에 물었습니다. 목소리는 대답했습니다. "그건 사람들이 부자가 되고 싶어 하기 때문이다." "그럼 나는 무엇을 해야 합니까?" 목소리는 대답이 없었습니다. 그는 납 상자에 있던 두 번째 유리병의 봉인을 풀었습니다.

고통의 피로 짠 옷을 벗어버리고 억울한 한숨으로 지은 집을 떠나라

그는 가진 것을 모두 집에 놓아두고 집을 떠났습니다. 그리고 자기를 받아주는 곳을 찾았습니다. 다행히 그를 받아주는 곳이 있었습니다. 그는 한 수도회에서 기거했습니다. 그리고 몇 년 후, 그는 그곳의 수도자가 되었습니다. 그는 자기 형들이 성공하고 있다는 소식을 들었습니다. 그가 수도원에 있는 동안 형들은 승승장구하고 있었습니다. 그러나 존의 마음은 무거웠습니다. 어느 날 목소리가 다시 들려왔습니다. 그는 세 번째 봉인을 풀었습니다.

내 아들들이 흘린 피를 닦아라

그는 수도원장의 허락을 받아 큰형 제프리 때문에 한숨 쉬는 사람들을 찾았습니다. 거기에는 제프리가 망하게 한 가게와 기업들의 옛 주인들이 있었습니다. 그 중 몇몇은 분을 이기지 못해 자살했고 가정이 해체된 곳도 있었습니다. 그는 그들에게 찾아가서 제프리를 대신해 용서를 구했습니다. 그리고 그들이 다시 일어설 수 있도록 온갖 방법을 다해 그들을 도왔습니다. 그리고 제프리를 찾아가서 "당신이 번 돈의 절반을 당신 때문에 고통받는 사람들을 위해 쓰라"고 말했습니다. 하지만, 그는 거절을 당하고 비웃음을 받았습니다. 큰형 제프리는 그에게 이렇게 말했죠. "너 같은 녀석은 우리 회사에서 딱 일 년만 일하게 하면 정신을 싹 개조할 수 있다"라고 말입니다.

그렇게 쫓겨난 존은 이번에는 작은형 마이크의 동네로 갔습니다. 마이크가 주지사와 상원의원으로 있었던 그 땅에서 존은 마이크를 찍어주고도 버림받은 토착기업인들과 근로자들 그리고 그 가족들을 볼 수 있었습니다. 그들 역시 제프리에 의해 망한 사람들과 비슷한 처지였습니다. 존은 그들에게도 마찬가지고 도움을 베풀었습니다. 그리고 마이크를 찾아가서 이렇게 말했습니다. "형이 이용하고 버린 사람들에게 가서 사죄하고 형이 뒤를 봐 줘서 성장한 그 기업들로부터 받은 돈의 절반을 그들과 지역의 소외된 사람들을 위해 기부하세요." 하지만 마이크 역시 마찬가지였습니다. 그는 이런 조롱을 들었죠. "내가 자네 같은 공산주의자였다면 이 자리까지 오르지 못했을 텐데 아직도 모르겠나? 난 가난뱅이들과 게으른 자들을 위해서는 아무것도 하지 않을 걸세. 여긴 미국이니까."

존은 형들의 도움을 받지 못했지만, 백방으로 뛰어다닌 끝에 그들을 모두 도울 수 있었습니다. 그들은 존의 노력으로 여러 기관과 인사들의 도움을 받아 다시 일어설 수 있었죠. 그들은 다시 일어설 자금을 저리로 융자받을 수 있었고 여러 사회기관으로부터 재기할 수 있는 정보와 정신적 도움을 받았습니다. 존은 그렇게 그들을 돕고 나서 다시 자신의 수도원으로 돌아갔습니다. 수도원으로 돌아갔을 때 그는 이미 수도자들과 사람들로부터 존경과 사랑을 받는 사람이 되어 있었습니다. 그가 가는 곳마다 사람들은 그의 말에 귀를 기울였으며 그와 한 번이라도 손을 잡거나 포옹하고 싶어 하는 사람들이 줄을 이었습니다. 그는 사람들에게 항상 이렇게 말했습니다. "세상의 땅이 한정된 것 같이 세상의 부도 한정되어 있습니다. 부자가 되고 싶으면 내가 부자가 됨으로써 가난해질 사람들을 먼저 생각하십시오." 그는 거창한 자선이나 희생을 입에 담지 않았지만 그래서 사람들은 그를 더 좋아했습니다. 그는 사람들에게 할 수 있는 것이 아니면 아무것도 요구하지 않았습니다.

존은 예순이 조금 넘은 나이에 수도원장이 되자 마지막 유리
병을 열었습니다. 이렇게 씌어 있었습니다.

불쌍하게 된 네 형제를 돌보고 너의 생을 책으로 남겨 네가 죽
은 후에도 세상이 너를 살아있는 듯 보게 하라

존은 의아했지만 머지않아 그 잠언의 뜻을 알게 되었습니다.
어느 날 그에게 큰형 제프리가 찾아왔습니다. 제프리는 이미 죽
을 때가 다 되어 있었고 얼굴이 말도 못하게 괴로운 채로 몸을 제
대로 가누지도 못한 채 그에게 고해성사를 받았습니다.

"난 사람을 죽이거나 납치하거나 협박하지만 않으면 괜찮은
줄 알았습니다. 하지만, 내 잘못은 누구에게 해를 가한 것이 아니
라 바로 나 자신에게 해를 가한 것이었습니다. 난 나를 돈에 팔았
습니다. 돈이 인생의 전부였습니다. 그러다 보니 행복도 돈으로
살 수 있다고 생각했어요. 하지만, 어느 날 아내가 나를 버리고
재산의 절반을 요구했을 때 난 정신이 번쩍 들었습니다. 자식 놈
들이 내 재산을 노리고 아버지인 나를 상대로 소송을 벌였을 때
그때도 사실 잘 알지 못했습니다. 하지만, 새로 얻은 여자가 낳은
내 아들이 자살했을 때 난 비로소 알 수 있었답니다. 내가 얻은
건 돈뿐이었다는 것을 말입니다. 난 현대의학으로도 고치지 못하

는 고질병을 앓고 있는데 늘 눈물이 질질 흐르고 몸의 절반은 거의 쓸 수 없습니다. 의사가 그러는데 이 병은 너무 좋은 식사, 맛있는 식사를 오래 하면 걸리는 병이라고 합디다. 질긴 목숨은 빨리 죽어지지도 않고 이렇게 고통스럽게 오래 살아야 한다는군요. 난 너무 피곤하고 어서 빨리 죽고 싶지만 죽을 용기도 없습니다. 존, 아니 수도원장님. 내가 어떻게 해야 편안하게 죽을 수 있을지 알려주세요.”

존은 대답했습니다.

“가진 것을 다 가난한 사람들에게 나누어주고 저와 함께 사십시다.”

“그렇게는 못합니다. 그건 내가 나쁜 놈들과 싸워가며 힘들게 모은 내 재산, 내 땅, 내 건물, 내 회사, 내 은행입니다.”

“사람의 생명이 그 가진 것의 넉넉한 데 있지 않다고 주님께서 말씀하셨습니다. 당신의 불행은 당신이 가져야 할 것보다 너무 많이 가지고 있어서 온 것입니다.”

제프리는 결국 존에게 고해성사만 받고 돌아갔습니다. 그는 재산을 포기할 수 없었습니다. 하지만, 그는 결국 자식들이 내세운 대리인들에게 소송을 당해 가진 것을 다 빼앗기고 권총 자살했습니다. 그는 빼앗기기 전에 스스로 내려놓아야 했습니다. 그것이 그의 유일한 살 길이었습니다.

형 제프리가 자살했다는 소식을 전해 듣자 마이크는 마음이 흔들렸습니다. 그는 즉시 존에게 찾아와 다음과 같이 말했습니다.

"내가 어떻게 해야 큰형의 운명을 피할 수 있겠나? 난 제프리처럼 가족이 날 상대로 소송을 걸지도 않았고 아내가 날 버리지도 않았네. 난 적어도 세상과 가족의 존경을 받고 있어. 하지만, 내가 받는 것은 존경뿐이라네. 다들 날 어려워하고 아무도 나와 함께 시간을 보내려 하지 않네. 난 지독한 고독과 싸우고 있지만, 고독을 풀려고 아무나 만나지도 못하는 것은 내가 가진 명예를 잃을까 하는 두려움 때문이야. 날 이 고독의 심연으로부터 건져주게나."

존은 마이크에게 대답했습니다.

"당신은 세상에서 존경을 받으면서 오로지 섬김을 받기만 했습니다. 섬김을 받기만 한 사람은 섬기는 기쁨을 알지 못합니다. 이제 당신은 남을 섬기는 일을 하세요. 존경받는 자리에 더 얼굴을 내밀지 말고 필요한 것 외의 가진 것을 모두 가난한 이웃에게 나누어주고 사람들을 섬기고 봉사하는 일을 하십시오. 그러면 당신은 다시는 고독하지 않을 겁니다."

마이크는 다행히 제프리의 전철을 밟지 않았습니다. 그는 존의 말을 따랐습니다. 그가 선택한 일은 호스피스 자격증을 따는 일이었습니다. 호스피스 자격증을 따자 그는 수도원이 운영하는 호스피스 건물에 상주하면서 죽어가는 병자들을 돌보는 일을 했습니다. 병자들을 돌보자 병자들의 가족들이 그의 친구가 되었습니다. 그뿐만 아니라 그곳에서 자원봉사 하는 순수하고 착한 젊은이들이 그의 친구가 되어 주었습니다. 그는 젊은이들과 함께하면서 생의 의욕을 다시 얻었습니다. 마이크는 고독에서 벗어났고 세상의 낮은 자리에서 비로소 인생의 참맛을 느끼게 되었습니다.

　이제 제 나이도 여든 살이네요. 그동안 제 세 동생은 저보다 먼저 갔답니다. 존의 이야기를 좀 더 하자면, 그는 오십여 년간의 수도 생활을 통해 책을 여러 권 남겼고 그의 진실한 글은 세상을 감동시켰습니다. 그는 재산을 가질 수 없는 수도자였지만 그의 책들을 통해 들어온 인세 수입은 마이크의 재산을 넘어섰죠. 그는 그 수입을 한 푼도 자신을 위해 사용하지 않고 일부는 제가 운영하는 재단에 기부했고 일부는 수도원 건물을 수리하는 데 썼으며 일부는 기업들과 정치인들에 의해 이용당하고 버림받은 '세상의 실패자들'의 재활을 도왔던 여러 기관에 기부했습니다. 아버지의 유언대로 그렇게 존은 세상으로부터 사랑을 받는 참된 부자로 죽었답니다. 부자의 행복은 나누어줄 수 있는데 있다고 존이 말했던 것이 기억나는군요. 오늘 그가 참으로 보고 싶습니다.

천형을 받은 사람들

천 형 을 받 은 사 람 들

故 최은희 작가님을 추모하며

"큰일이야. 큰일."

"뭐가요?"

"우리나라가 물건만 잘 만들지 무슨 문화가 있나, 콘텐츠가 있
나…."

"하긴 그래요. 베스트셀러 소설들 보면 죄다 일본, 미국, 프랑
스 소설들이고 우리나라 소설들은 그냥 구색 맞추기죠. 어쩌다
베스트셀러가 생기기는 하지만 그건 외국 소설들에 비하면 그냥
애들 장난이죠. 만화들도 공장만화 뿐이고…."

"이래 가지고 어디 우리 같은 게임업체들이 성장하겠어? 다
외국 콘텐츠에 밀려서 일단 스토리가 없어요. 스토리가…."

"음악이나 미술도 마찬가지에요. 다 미국 트렌드 베껴서 자기

것인 양 만들고 기껏 만든다는 게 후크송 뿐이고 감동이 있어야 말이죠. 재능 있는 작가들은 다 죽었는지 조영남이 자기 그림 가지고 일억이니 뭐니 하는 세상 아니에요?”

　오늘도 중견 게임업체인 엔에프소프트에서는 게임 콘텐츠가 없다고 비상이 걸린 터다. 늘 만드는 스토리가 거기서 거기. 스토리를 아무리 찾아도 〈뉴문〉이니 〈스파르타쿠스〉 같은 게 없다고 사장님이 장탄식하시는 바람에 민 과장男과 박 대리女는 진땀을 흘린다. 회사 매출이 점점 떨어지고 주가도 내려가는 바람에 회사에 비상이 걸린 상황. 지난 10년간 회사를 먹여 살렸던 온라인 PC게임 〈블러드라인 Bloodline〉의 인기는 이미 쇠락한 지 오래다. 사장님의 지론은 이랬다. 아무리 기술이 발달하고 그래픽을 화려하게 만들어도 게임을 성공으로 이끄는 비결은 첫째도 스토리 둘째도 스토리란다. 일단 콘텐츠가 사람을 확 사로잡아야 사람들이 그 세계에서 계속 살고 싶어서 게임으로 이동하고 일단 사람들이 이동해 줘야 온라인 게임은 돌아간단다. 즉, 콘텐츠 없이 게임만 가지고 시작하면 되는 일이 없었다는 거였다. 사람이 모여야 뭘 하든지 말든지 아이템을 팔든지 말든지 할 거 아닌가.

　“그런데 도대체 뉴문이나 스파르타쿠스 같은 건 뭐로 뜬 거야? 그냥 잔인하거나 끔찍하거나 그런 것 때문인가?”

　“글쎄요…. 사람들이 그러잖아요. 마법이야기가 해리포터가 처음이 아닌데 왜 그게 떴는지 모르겠다고요. 출판사들도 다 거절한 이유도 그런 거고요."

"결국, 블룸스버리가 출판을 결정하긴 했지만, 그 출판사도 다 쓰러져가는 출판사였다며?"

"그러니까 더 이상한 거예요. 출판사 규모가 작으면 초기 발행 물량이 달려서 일단 바람을 일으키지도 못하잖아요? 그런데 그런 바람도 없이 어떻게 베스트셀러가 됐는지…."

"우리도 그런 식으로 유망 작가를 발굴하는 건 어떨까?"

"우리가요?"

"그래. 스토리가 없으면 스토리를 만들면 되지. 우리가 못 만들면 만들 줄 아는 사람을 찾으면 되는 거 아냐?"

"그게 말처럼 쉽나요? 난다 긴다 하는 작가들도 못 만드는 스토리를 누가 만들 줄 안다고 발굴해요?"

"조앤 롤링도 뭐 처음부터 베스트셀러 작가였나? 사람을 보는 눈이 있는 출판사가 키워주니까 뜬 거지. 우리도 한번 해 보자고."

그렇게 해서 민 과장과 박 대리는 작가를 발굴하기 위해 나섰다. 그들은 우선 대형서점 몇 군데를 들렀다. 그들이 들른 대형서점에는 어김없이 베스트셀러 리스트가 있었다.

"우선 소설을 봐야겠지?"

그들은 소설을 찾아봤지만, 마음에 드는 소설이 없었다. 그들이 발견한 것이라고는 10년 전에 유명했던 작가들이 아직도 책들을 내고 있었고 그것이 베스트셀러가 되고 있었다는 것뿐이었다. 그 많던 신인작가들은 다 어디 갔을까? 게다가 신인작가들의 책에는 다 다음과 같은 문구들이 붙어 있었다. ○○문학상 당선작, ◇◇문학상 당선작, ▢▢문학상 당선작….

"당선작 말고 그냥 신인작가의 책은 없나?"

그들은 아무리 찾아도 발견할 수 없어 서점 사무실에 가서 물어봤다. 직원의 대답인즉 이랬다.

"신인작가의 책을 누가 산다 그래요? 기성작가 책도 안 팔리는 마당에."

"그럼 서점은 어떻게 장사를 합니까? 안 팔리는 책들 가지고요."

"그거야 일본 작가들이죠. 가끔 미국이나 프랑스 작가들 책도 잘 나갑니다. 사실 우리야 마음 같아서는 한국 책 안 들여놓고 싶어요. 팔려야 갖다 놓을 맛이 나죠."

"왜 일본 작가들의 책만 그렇게 잘 나갈까요?"

"그거야 난들 압니까? 일단 독자들이 일본에서 베스트셀러다 하면 사는 경향이 있기는 합니다만 딱히 왜 그런지는 모르겠습니다. 일본 작가들이 서점을 먹여 살리니까 계속 갖다 놓기는 합니다만 솔직히 기분 나쁘죠. 한국 사람들이 말로만 일본 원숭이니 뭐니 하면서도 메이드 인 재팬이라면 사족을 못 쓰는 게 어디 어제오늘 일입니까?"

민 과장과 박 대리는 풀이 죽어 서점에서 나왔다. 서점 앞에는 커피빈이 있다. 그들은 그곳에 들어가서 자리 잡고 앉았다. 민 과장은 아메리카노를 박 대리는 카푸치노를 시켰다. 민 과장은 담배를 꺼내 입에 물었다. 다행히 커피빈에는 흡연실이 따로 있었다. 담배를 한 모금 길게 빨고서 그는 입을 열었다.

"문학이 죽었군. 한국 문학이 죽었어."

"도대체 무슨 차이가 있어서 독자들은 그렇게 줄창 일본 소설만 찾을까요?"

"그러게 말야. 그러니까 한국 영화, 드라마, 게임들이 일본 콘텐츠만 찾는 거지. 한국 문학이 한국인에게 안 먹히니까. 왜 〈하얀 거탑〉도 일본 콘텐츠고 〈올드보이〉도 마찬가지잖아."

"기가 막힌 일이네요. 한국 사람이 그렇게 한국 문학을 싫어한다니. 그런데 왜 당선작은 거들떠도 안 보세요? 과장님도 한국 문학이 싫으세요?"

"그런 박 대리는 한국 문학이 좋아?"

"하긴…."

"한국 문학의 문제가 뭐라고 생각해?"

“음…. 재미가… 없다?”

“내 생각도 그래. 한국 소설은 일단 너무나 재미가 없어. 그냥 우리 주변의 이야기라서 새로운 것이 없어서 재미가 없는지는 모르겠지만 그건 이유가 안 돼. 그럼 당연히 일본 소설도 일본사람에게 재미가 없어야지. 그런데 그 사람들은 책을 엄청나게 읽어. 그것도 자국 소설을 말야.”

“한국 소설들은 왜 그렇게 재미가 없는 걸까요?”

“글쎄…. 등단 제도 때문이 아닐까?”

“등단 제도요?”

“왜 신춘문예니 신인문학상이니 하는 것들 있잖아?”

“그게 왜요?”

“이 사람이 몰라도 이렇게 몰라요. 문화산업에 종사하는 사람으로 그 정도는 알아야지. 등단이란 걸 못하면 출판사에서 책을 안 내준다고.”

“그럼 등단하면 되잖아요.”

“이봐. 기껏 상금 오백만 원 정도 하는 문학상 공모에 작품이 얼마나 몰리는지 알아? 수백 편이 몰린다고. 당선작은 단 한 편이고. 그러니 경쟁률이 수백 대 일인 거야. 고시보다 어렵다고, 당선되는 게.”

“그래요?”

"게다가 재미있는 작품은 일단 자르고 보지. 왜냐면 자기 문학상이 대중소설 통속소설을 뽑아 책 팔아먹으려고 한다는 욕 듣기 싫어서. 작품성 위주로 본다고 하는데 그건 다른 말로 하면 가장 재미없는 작품에 상을 준다는 뭐 그런 말이라고."

"그게 문제군요, 그럼."

"정말 그게 문젠지는 모르겠지만, 대한민국 사람 모두가 공감하는 사실 하나는 있지. 당선작들은 정말 재미없다는 거."

"그건 정말 사실이에요. 문학상 받았다는 신인작가들의 책치고 재미있는 소설을 본 적이 없어요."

"그게 바로 내가 당선작은 일단 제끼는 이유라고."

"그럼 수준이 너무 높아서 오히려 그것 때문에 문학이 죽은 거군요?"

"바로 그거야. 문학인들이 스스로에 요구하는 수준이 너무 높아서 대중의 눈높이에 맞추지 못하는 거지. 그게 바로 한국 문학이 죽었다는 이유야."

"그런데 정말 등단하지 못하면 책을 내 주는 출판사가 하나도 없어요?"

"그게 또 그래. 없지는 않은데. 다들 영세해서 미등단 신인작가의 책을 수만 권씩 찍을 형편이 못 돼. 그러니까 서점에 책을 공급할 수가 없지. 그냥 대형서점에 잠깐 꽂혀 있다가 다 팔리면

끝나는 거야. 다시 들여놓으려고 해도 서점 쪽에서 '됐다'고 한
다니까."

"그럼 〈성균관 스캔들〉 같은 건 어떻게 된 거죠? 그 작가는 등
단 작가도 아닌데?"

"그러니까 바로 우리가 그런 작가를 찾아서 여기 온 거지. 우
리가 띄워 주면 그런 책은 뜨게 되어 있거든. 우리 같은 사람들이
안 띄워 주면 그냥 사라지는 거야. 그 『성균관 유생들의 나날』이
라는 책도 3년 전에 나왔지만, 드라마화가 결정되면서 비로소 재
판에 들어간 책이라고. 우리나라는 드라마화나 영화화가 되지 않
으면 신인작가의 책은 절대 안 팔려. 신인작가가 아무리 뛰어나
도 일단 등단이 안 되고 책도 낼 수 없을뿐더러 책을 내도 팔리지
도 않지. 그게 한국이야."

"그런데 문제가 있어요."

"무슨?"

"일단 영화나 드라마 하는 사람들이 그 신인작가를 띄워 주어
야 하고 그다음에 드라마나 영화가 뜨면 그다음에 우리 차례인
거잖아요?"

"하긴…. 그렇지."

"그런데 우리가 무슨 할 일이 있겠어요? 여기서?"

"생각해 보니 그러네. 우리가 신인작가를 발굴해도 드라마를

만들 거야 영화를 만들 거야? 게임으로 바로 만들 수도 없고. 참 난감하네."

"그래서 말인데요. 여기서 이럴 게 아니라 우리가 신인작가들을 찾아내서 영화사나 드라마 제작사 쪽에 소개를 해주면 어떨까요?"

"그리고 게임은 우리 쪽으로 달라고 한단 말이지?"

"그렇죠. 도박이긴 하지만 되면 대박이잖아요."

"사장님이 그런 모험을 하려고 할까?"

"사장님 요새 몸달아 있어요. 돈주머니 들고 던질 곳 찾고 있다고요. 이건 크게 돈 드는 일도 아닌데 어때요?"

"하지만, 일단 신인작가를 어떻게 찾아?"

"그러게요. 그게 문제네요…."

하지만, 그들은 결국 신인작가를 어떻게 찾는지 알아내고야 말았다. 그들은 우선 잘 나간다는 한 출판사의 문학상 담당자를 만났다. 그리고 수백 편의 응모작을 좀 볼 수 있겠느냐고 물었다.

"그걸 다요?"

"네."

"잠깐 기다려 보시죠."

담당자는 단 한 편의 당선작 외의 모든 작품을 이면지로 사용하려고 구석에 처박아두고 있었다. 제본이 된 작품들도 있었고 그냥 낱장으로 된 것들도 있었다. 낱장으로 된 것들은 페이지가 엉망으로 흩어져 있어 읽을 수조차 없었지만, 제본으로 된 것들은 그나마 사정이 나았다.

"일단 제본된 것들만 건졌는데 너무 많아서 다 가져올 수는 없고 좀 평이 좋아서 결선까지 올라간 작품들입니다. 한번 보시죠."

"아뇨. 우린 결선 통과작 말고 아예 처음부터 심사위원들이 읽지도 않고 내팽개친 그런 응모작을 원합니다."

"그럼 저기 가서 한번 찾아보시죠."

민 과장과 박 대리는 버려진 응모작들을 뒤지기 시작했다. 그들은 의자도 변변히 마련되지 않은 사무실 구석에 쭈그리고 앉아 작품들을 읽어 내려갔다. 세 시간 정도 지났을까. 민 과장이 중얼거리며 뭐라고 말하기 시작했다.

"뭐라 그러시는 거예요, 과장님?"

"정말 좋은 작품들이 많고 재미도 상당한 데 왜 이 작품들이 결선에도 못 올라갔을까?"

"그러게 말예요."

"이걸 보라고."

박 대리는 〈기절초풍 이 선생〉이라는 제목을 가진 작품을 찬찬히 읽어보았다. 그리고 무릎을 탁 치고는 민 과장을 바라보았다.

"나, 이 작품 왜 못 올라갔는지 알 것 같아요."

"왜?"

"시놉시스를 보세요. 이 방대한 스토리를 요약하면 이렇게 이상한 스토리가 되고 말아요."

"그러네."

"이런 유치한 스토리를 가지고 어떻게 문학상을 받아먹으려고 그래? 심사위원들이 그랬겠죠. 그리고 저쪽 구석으로 던져진 거예요."

"하지만, 실제로 내용을 보면 정말 재미있잖아. 감동적이기도 하고."

"이런 소설이 버려졌다는 건 한 가지 이유뿐이겠죠."

"시놉시스만 보고 본문을 안 읽었다?"

"빙고. 본문을 읽었다면 적어도 결선에는 올라갔어야 하는 작품이에요. 이것만 그런 게 아니고 내가 읽은 이 작품들도 다 그래요."

"아무리 응모작이 많아도 그렇지. 이 소설들을 쓴 사람들은 목숨을 걸고 인생을 걸고 썼을 거 아니냐고. 내 참 기가 막힌 일이네."

"그러니까 문학상 지원자들도 과외를 받는다고 그러잖아요. 시놉시스 잘 쓰는 과외."

그들은 혀를 차며 현실을 개탄했다. 그리고 〈기절초풍 이 선생〉을 쓴 작가를 섭외하기로 했다. "이 작품을 우리가 가져가도 되겠죠?" "그러세요." 담당자는 마치 쓰레기를 가져가려는 사람들을 보고 고마워하듯 대답했다. 출판사 1층 로비에서 그들은 〈기절초풍 이 선생〉의 저자 정다운 씨에게 전화를 걸었다.

"여보세요?"

"정다운 선생님이시죠?"

"네. 그런데요?"

"안녕하세요. 정다운 선생님. 저는 게임개발업체인 엔에프소프트의 박미정이라고 합니다. 모모 출판사 문학상에 응모하신 선생님의 작품이 마음에 들어서 한번 만나 뵙고 싶은데요."

"어머. 제 작품이 게임으로 만들어지나요?"

"아직 결정된 건 아무것도 없습니다만, 한번 만나 뵐 수 있을까요?"

"네. 그럼요. 오늘이라도 만날 수 있어요."

그들은 정다운 작가의 집으로 찾아갔다. 본사로 오라고 하기엔 너무 결정된 것이 없었다. 정다운 작가는 번역 일을 하면서 근근이 생계를 유지하고 있었고 사는 집도 반지하 월세 방이었다. 범죄율이 높아 보이는 동네였고 오토바이와 트럭행상들이 어지러이 오가는 골목길을 따라 찾기도 어려운 건물이었다. 여자 혼자 사는 방치고는 냄새가 너무 고약했다. 곰팡내였다. 빛은 물론 들어오지 않는다. 그냥 환기만 되는 지하실이라고 봐야 옳았다. 단아한 차림의 정 작가는 많이 말라 있었고 머릿결도 푸석했다. 커피를 대접받으며 민 과장이 먼저 운을 뗐다.

"이렇게 재미있는 글이 이렇게 어두운 곳에서 나오다니 정말 신기합니다."

"좋게 봐 주셔서 감사합니다."

"그런데 글만 써가지고는 살기가 좀 어렵지 않으십니까?"

"어렵죠. 그래서 번역 일을 좀 하고 있기는 하지만 기본적으로 저는 작가니까 글을 쓰는 데 집중하려면 많이 번역하기 어려워요. 한 달에 백만 원도 못 버니까 사는 꼴이 이래요."

"그럼 글은 좀 써 놓으셨겠네요?"

"네. 한 삼십 편 정도? 장편도 있고 단편도 있어요. 한번 보시겠어요?"

정 작가는 자신의 노트북을 켜고 작품들을 보여주었다. 민 과장과 박 대리는 정신없이 읽느라고 시간가는 줄 몰랐다. 그동안 정 작가는 "잠시 집안일 좀 할게요."하고는 빨래를 돌리기 시작한다. 다 된 빨래를 가지고 옥상으로 낑낑거리며 올라가서 널고 돌아오는 동안 민 과장과 박 대리는 때로는 웃음보가 터지며 때로는 눈물지으며 그녀의 소설을 읽었다. 셋이 다시 모이자 민 과장이 말문을 열었다.

"저희가 확답은 드리지 못하겠지만 정 작가님의 작품 세 편을 영화사에 한번 소개할까 하는데 괜찮으시겠습니까?"

"정말요? 저로서는 영광이에요. 안 될 이유가 없죠."

"그러면 곧 연락드리겠습니다."

민 과장과 박 대리는 어느새 가난한 천재 작가를 반지하 방의 구렁텅이에서 건져내야 한다는 사명감에 불타고 있었다. 그들은 그 길로 곧 메이저 영화사 세 곳을 타진했다. 며칠 간격으로 영화사 담당자들을 만날 약속도 잡았다. 보름 정도 지나고 작품을 다 읽었다며 한 곳의 담당자가 그들을 호출했다. 영화사 사무실에서 담당자와 그들이 마주 앉았다. 담당자는 나이 갓 서른을 넘긴 듯 젊고 패기 있어 보이는 남자였지만 나쁘게 말하면 싸가지가 없어 보였다. 그가 입을 열었다.

"작품은 재미있고 좋은데…. 요즘 영화가 잘 안 되는 거 아시죠?"

"아…. 네…."

"교차 상영이라고 그것 때문에 한국 영화 죽 쑤고 있어요."

"그렇다는 얘기는 들어서 알고 있습니다."

"상영관 잡는 거는 전처럼 힘들지 않아요. 워낙 영화가 적게 나오니까… 다 망한 거죠. 그러니까."

"……."

"교차 상영 때문에 일단 본전 건지는 거 그게 성공한 겁니다. 아주 유명한 감독 아니면 수익 내는 건 생각도 못한다고요. 그러니까 원작이 아무리 훌륭해도 안 되는 건 안 된다 그겁니다."

"그럼…. 안 된다는 말인가요?"

"꼭 그런 건 아니고…."

도대체 무슨 말을 하려는 건지 종잡을 수가 없어 민 과장과 박 대리는 진땀을 흘리고 있었다. 담당자가 뜸을 잔뜩 들이더니 결국은 돈 얘기를 꺼낸다.

"일단 이걸로 한 번 알아는 볼게요. 감독은 되는지 배우는 되는지 투자자는 오케이 하는지. 그게 다 되면 계약금 없이 러닝 개런티로 가는 걸로. 어때요?"

그 말은 원작 하나를 날로 먹겠다는 말이었다. 검증이 되지 않았으니 검증될 때까지는 돈을 못 주겠다는 말이다. 세상에 돈 못 받고 일하는 영화관계자들이 많다는 얘긴 들었지만, 원작에까지 돈을 아껴서 어떻게 좋은 영화를 만들겠다는 걸까.

"싫으면 안 하면 되고…."

정말 말하는 싸가지가 하늘을 찌른다. 하지만, 결국 그들은 담당자의 제안을 받아들이고 말았다. 다른 영화사에서는 아예 연락이 오지조차 않았으니까. 이 제안을 전해 들은 정 작가. 좀 주저

하는 듯하더니 영화계 사정에 대해 들은 그대로 전하니 고개를 끄덕인다. 하지만, 결국 그 작품은 영화화되지 못했다. 신인작가의 작품이라는 편견 때문에 투자자들이 판을 엎었단다. 영화가 엎어진 거야 어쩔 수 없었지만 민 과장과 박 대리는 정 작가를 볼 낯이 없었다. 그렇게 헛되이 두 달을 뛰어다닌 끝에 정 작가에게 전달해야 할 소식이 "판이 엎어졌다"는 거였으니. 그런데 정 작가와 연락이 되지 않았다. 도대체 어떻게 된 건지 알 수가 없었다. 영화가 엎어졌다는 소식을 미리 알고 있었나. 그렇다면, 낙담한 나머지 극단의 선택이라도 했다는 걸까. 민 과장과 박 대리는 잘 살고 있는 가난한 작가를 낙심으로 몰아넣은 데 대한 자책으로 패닉에 빠졌다. 가난했지만, 그 얼굴에는 언제나 희망이 서려 있었더랬다. 그런데 괜히 출판사에서도 집어던진 응모작으로 뭔가 해보려 하다가 큰일을 내게 생긴 것이다.

"어떡해. 집도 문이 잠겨 있고 아무도 없나 봐."

"전화도 받지 않아요. 아예 전원이 꺼져 있어요."

이메일은 수십 통도 더 보냈을 터. 아무 답장도 없었다. 며칠 간을 그렇게 보내다 민 과장과 박 대리는 결국 범죄적 방법을 사용하기로 했다. 정 작가의 집의 문을 몰래 따고 들어가기로. 그들은 심부름센터에 의뢰해서 문을 전문으로 딴다는 사람을 고용했다. 그리고 정 작가의 집에 밤에 몰래 찾아가 문을 땄다. 박 대리가 문을 딴 사람에게 말했다. "이제 가 보셔도 돼요." 그들은 둘만 집으로 들어갔다. 칠흑 같은 어둠이었다. 집 안의 악취는 지난번 보다 더 심해 코를 찔렀다. 불을 켰지만, 불이 켜지지 않았다. 단전된 거였다. 방 안에 정 작가의 시신이라도 있을까 봐 그들은 심장이 방망이질 치는 두려움 속에 라이터불을 켰다. 방 안에는 아무도 없었다. 찬장을 찾아보니 초가 몇 개 있다. 초에 라이터불을 붙였다.

"여긴 아무도 없어."

"휴…. 다행이다. 정 작가가 죽어 있기라고 하면 어쩌나 하고 얼마나 걱정했는지 몰라요."

그때였다. 누군가 모습을 나타냈다. 민 과장과 박 대리는 너무 놀라 그 자리에 주저앉고 말았다. 모습을 나타낸 사람은 정 작가였지만 마치 환영과도 같이 형체가 분명하지 않았다. 박 대리가 신음하듯 소리쳤다.

"정 작가…님!"

"오셨군요. 이리 따라오세요. 보여 드릴 것이 있어요."

정 작가의 환영은 그들을 안내해 어딘가로 가고 있었다. 그곳이 정 작가의 방 안이라는 것도 잊은 채 그들은 정 작가가 가는 곳으로 무작정 따라갔다. 한참을 걸었을까. 어떤 초가집이 몇 채 있는 마을이 보였다. 버려진 곳 같았다. 그곳에서는 사람들이 무

엇을 팔고 있었다. 주막 같은 곳이었다. 약간의 술과 약간의 안주
가 될 만한 음식들을 팔고 있었지만, 손님은 없었다.

"앉으세요."

이미 숨이 끊어졌을는지도 모르는 정 작가는 환영으로나마 나
타나서 그들을 여기까지 데려온 거였을까. 민 과장과 박 대리는
마음속의 미안함과 죄스러움을 떨쳐버리지 못하고 부들부들 떨
었다.

"떨지 마세요. 온 정성을 쏟으셨으니까 그걸로 됐어요. 미안해
하지도 마세요. 어차피 우린 천형을 받은 사람들이니까."

아무도 입을 열지 않았다. 마치 그곳은 입을 열면 말을 하면
큰일이라도 나는 양 주막에서 일하시는 분들도 지나가는 사람들
도 아무도 말이 없었다.

"이곳은 천형을 받은 사람들의 마을이에요."

"천형이라니…요? 하늘이 내린 형벌 말입니까?"

민 과장이 떨리는 목소리로 묻자 정 작가의 환영은 대답했다.

"네. 세상에 할 말이 있지만 해서는 안 되고 만일 입을 연다면
손이 잘리죠. 하지만, 우리는 세상에 할 말이 있는 사람들이에요.
그걸 손으로 쓰고 세상에 보여주고 싶죠."

"그래서… 이렇게 아무도 입을 열지 않는군요?"

"네. 입을 열면 안 되지만 그 누구보다도 입을 열고 세상에 말

하고 싶은 사람들이 바로 우리예요."

"바로 작가… 군요."

박 대리가 신음하듯 내뱉었다. 그랬다. 이 땅의 작가들은 그렇게 아무도 찾지 않는 주막을 열어놓고 손님이 오길 기다리고 있었다. 손님이 오면 말없이 술을 붓고 안주를 만들어서 내 온다. 그렇게 아주 적은 값을 받고 손님들을 즐겁게 해 주고 그들에게 하고 싶은 말들을 하려고. 하지만, 그들은 입을 열 수 없다. 입을 열면 손이 잘리기 때문에.

"그런데 왜 입을 열면 손이 잘리는 거죠? 그게 무슨 큰 잘못인가요?"

"작가는 입을 열면 벌을 받아요. 하지만, 입을 열어도 벌 받지 않는 사람들이 있죠."

"어떤 사람들입니까, 그 사람들은?"

"세상이 씌워준 감투가 있는 사람들."

"그 사람들은….."

"바로 성공한 사람들이죠. 세상 사람들은 그 성공한 사람들이 입을 열 때에는 그들에게 박수를 보내요. 하지만, 우리가 입을 열면 우리의 손을 잘라버리죠."

"왜 그런 거죠?"

"우린 실패자들이고 넋두리를 늘어놓는 사람들이니까요. 우린

이 세상에 없는 헛된 희망 같은 것, 헛된 아름다움 그리고 헛된 사랑을 말하는 사람들이거든요. 세상이 너무 각박해져서 아름답고 진실한 무언가를 말하는 실패자를 견디지 못하죠. 그래서 우리는 입을 열 수가 없어요."

"사람들이 그렇게 원하지 않는데 왜 그렇게 말하려 하는 겁니까? 그런 말들을 하면 손이 잘린다면서요? 왜 그렇게 불행한 길을 자처하는 거예요? 왜 그렇게 가난하게 그런 데서 살면서 그렇게 글만 써대냐구요. 차라리 취직을 하지. 차라리 장사를 하지…."

박 대리는 흐느끼며 말했다. 그들이 살기에 이 세상은 너무나 더럽고 냄새 나는 곳. 작가의 영혼을 가진 진짜 작가를 만난 그녀는 그 아름다운 영혼과 작품이 이 더러운 세상에 의해 모욕당하는 것이 슬프고 분해 견딜 수 없어 울었다.

"보여 드릴 게 있어요. 이리 오세요."

그녀는 민 과장과 박 대리를 데리고 주막을 떠나 점점 더 거칠어지고 악취가 진동하는 길로 안내했다.

"이곳은 세상과 내로라하는 문인들로부터 버려진 사람들, 영혼을 담은 작품이 모욕을 당한 사람들, 마음의 낙심으로 다시는 글을 쓸 수 없게 되어버린 사람들이 사는 곳이에요."

마을이 서서히 모습을 드러내고 있었다. 마을 입구에는 방이 붙어 있었는데 그 방에는 이번에 새로 손이 잘리게 된 사람들의 초상과 신원이 붙어 있었다. 끔찍한 일이었다. 그 방에는 핏자국이 묻어 있었는데 아마 손이 잘린 사람들의 원한이 서린 핏자국인 듯했다. 조금씩 조금씩 걸어서 마을 안으로 들어갔다. 거기에는 문이 열려 안을 들여다볼 수 있는 초가집이 있었는데 악취의 근원인 듯했다. 민 과장과 박 대리는 차마 걸음을 떼지 못하고 있었다. 하지만, 그들은 그들의 눈에 들어오는 광경을 보고 믿을 수 없었다. 한 노인이 젊은이의 무릎을 베고 누워 있었다. 수십 년은 고통에 시달렸을 것 같은 그는 안식을 찾지 못하고 있었다. 고통에 일그러진 그의 얼굴…. 그는 금기를 어기고 입을 열었고 말을 했기에 그 대가를 치르고 고통에 신음하고 있었다. 잘린 그의 두 손에는 구더기들이 하얗게 엉겨 붙어 있었고 살 썩은 물이 흘러내리고 있었다. 동네 전체에서 이런 냄새가 진동했고 그것은 그 노인처럼 썩어 죽어가는 손 잘린 사람들의 고통이었다. 이 집에도 저 집에도 손이 잘린 사람들이 없는 집이 없었다. 이 마을이 바로 입을 열어 형벌을 당한, 천형을 받은 사람들의 마을이었다.

"이것은 그들 마음의 고통이에요. 이 고통을 씻어주려면 그들의 말을 들어야 하죠. 하지만, 그들의 손을 자른 세상은 그것을 정당한 형벌이라고 생각해요. 세상에 누가 할 말을 다 하고 사느냐고, 다들 입 다물고 노예처럼 남의 밑에서 일하는 세상에 작가

라는 사람들은 일도 안 하고 놀면서 입을 나불댔으니 형벌을 받
아 마땅할 뿐 아니라 그런 실패자들의 넋두리를 돈 주고 사야 한
다니 그런 말도 안 되는 이야기가 어디 있느냐며 이들의 손을 잘
라버린 거예요. 사람들은."

　민 과장과 박 대리는 쏟아져 나오는 눈물을 참을 수 없었다.
그들은 아니라고, 결코 정 작가를 이렇게 만들지 않겠노라고 소
리치며 고개를 돌려 그녀를 보았다. 하지만, 그들이 본 것은 더는
그들을 이 마을로 안내한 아름다운 정 작가의 영혼이 아니었다.
그것은 보일러실 천정의 빨래 너는 봉에 허리띠를 걸어놓고 목을
맨 채 죽어 있는 정 작가의 시체였다. 보일러실 뒤에서 목을 매
그들이 방안으로 들어왔을 때는 보이지 않았던 것이다. 그녀의
시신은 방에 켜 놓은 촛불이 이들이 지나가며 열어놓은 문을 통
해 보일러실로 어렴풋이 보내온 빛에 반쯤 형체를 드러내고 있었
다. 죽은 지 며칠이나 지났을까. 그녀의 손에는 이미 하얀 구더기
들이 엉겨 붙었다.

　"정 작가님!!"

　민 과장이 놀란 나머지 자리에 주저앉는다. 놀라 한동안 그 자
리에 선 채 얼어붙어 있던 박 대리는 매 달린 정 작가의 다리를
부둥켜안고 오열했다. 그녀는 정 작가의 손에 붙은 구더기들을
미친 듯이 떼어냈다. 외로이 홀로 죽었지만, 누군가 자신을 위해

애써주었다는 것에 잠깐이나마 위로를 받았다는 듯 정 작가의 시신은 평온한 얼굴이었다. 아마 마지막으로 가는 길에 두 사람에게나마 하고 싶은 말을 다 하게 되어 그리 평온했는지도 모르겠다. 박 대리는 시신을 안고 놔 줄 줄을 몰랐다. 그녀는 눈물을 쏟으며 시신을 흔들며 시신을 때리며 울먹였다.

"그러기에 왜 이 더러운 세상에서 말을 하려고 그러셨어요…. 이 더러운 세상 사람들에게 왜 그토록 아름다운 이야기들을 하려고 하셨냐구요…. 이 돈밖에 모르는 수전노 같은 세상에서요, 왜!!!"

목사들의 동창회

목 사 들 의 동 창 회

목사들의 동창회가 열린다. 이 동창회에 참석하기로 한 목사들은 이 시대 잘 나간다는 대형교회들의 담임목사들이다. 이들이 동창회를 하는 이유는 한 가지다. 솔직하게 속에 있는 마음을 털어놓을 수 있는 사람들이 이 세상에 아무도 없기 때문. 마누라에게도 자식에게도 이들은 속마음을 털어놓을 수 없다. 하지만, 이들이 서로 상담해 주는 건 아니다. 이들이 모인 목적은 결국 허심탄회하게 어떻게 그들의 세상을 좀 더 오래가게 할 수 있을까 의논하는 자리를 만들기 위함이다.

이름은 동창회지만 사실 이 사람들이 같은 학교에 다닌 건 아니다. 이들이 굳이 동창회라고 이름붙인 이유는 외국 박사 학위가 없으니 교계에서 행세하고 다닐 수가 없어 저 미국 훌러 Huller 신학교라고 하는 도나 개나 다 졸업시킨다는 신학교에 다녔기 – 사실은 이름만 걸어놓았기 – 때문이다. 이들은 거기서 그

비싸다는(?) 목회학 박사 학위를 받고 동창인 양 모인 것이었다. 수업료가 얼마나 비싼지 서울의 웬만한 아파트 한 채 값이 들었지만 졸업하는 건 달랑 논문 하나 내면 끝인지라 아무 전도사나 붙잡고 영어로 논문 하나 쓰라고 하고 그걸 제출한 것으로 박사 학위들을 받은 것이다. 이분들이 자기가 낸 논문을 읽을 줄이나 알까?

"그러니까 전도사를 시키면 다 된다니까~" 콧노래를 부르며 이들은 졸업장을 손에 쥐고 그들 이력에 박사학위를 첨부했다. 그러니까 이분들은 다 박사님들인 셈이었다. 실제로 이들은 동창회에서 자기들끼리 김 목사니 이 목사니 박 목사니 하며 부르지 않고 김 박사, 이 박사, 박 박사로 호칭한다. 그게 더 폼이 난다지만 박박사라고 불리면서도 좋단다.

모임장소는 룸살롱이면 더할 나위 없이 좋겠지만, 세상의 이목이 있는지라 그토록 가고 싶어 하는 룸살롱에는 가지 못하고 유명호텔 고급레스토랑의 별실을 잡았다. 여자들과 꼭지가 돌아가도록 흥겹게 마시고 놀면 그들의 소원은 완전히 충족되는 것일 터. 하지만, 그들의 고충은 적어도 밖에서는 거룩한 목사로 보여야 하니 어쩌랴. 호텔 측의 함구를 전제로 이들은 15년 묵은 와인을 비롯해서 온갖 종류의 진귀한 술들을 계속 주문했다.

"김 박사, 술 마시니까 여자 땡기지?"

"왜 그래, 박 박사. 나 여자 끊었어."

"우리끼리 이러기야?"

"지금 소문 안 좋아서 몸 사리고 있는 거 몰라? 고픈 건 사실이야."

김 목사가 와인 한 잔을 원샷으로 들이키면서 쓴 표정을 짓는다.

"그래도 비즈니스는 비즈니스니까 자기 매장 여자는 건드리지 마."

"이미 건드린 여자들 입 막느라고 아주 피곤해~"

"자기 매장 여자 건드리면 큰일 나는 거 몰라?"

"알지~ 다 먹고 살자고 하는 일인데 그 정도도 모르겠어? 그런데 요즘 여자들이 워낙 쌔끈해야 말이지. 어떻게 교회 다니는 여자들이 그렇게 치마도 짧게 입고 향수도 뿌리고 그러지?"

"그러게. 우리 교회에도 도대체 유부년지 처녀지 구별도 안 되는 여자들이 얼마나 많은지…. 잘못 건드리면 한방에 훅 가겠더라고."

"솔직히 엄청 땡기지?"

"확 자빠뜨리고 싶은 적이 어디 한두 번이라야 말이지."

그때, 문밖에서 웨이터가 문을 두드린다. "전채 들어가겠습니다." "어, 그래. 들어와." 목사들이 이구동성으로 대답한다. 웨이터는 요리를 각각의 접시에 덜어놓고 나간다. 이번에는 잠자코 있던 이 목사 입을 연다.

"이게 말이지. 원래 본토 레스토랑에서는 큰 접시 하나만 딱 놓고 간단 말이지. 그러면 각자 알아서 덜어 먹는 게 본토 스타일이란 말이지. 그런데 이 촌스러운 한국에서는 사람들이 그것도 서비스 받으려고 손가락 까딱하지를 않아. 그러니까 더 먹고 싶은 나 같은 사람도 눈치를 보게 된단 말이지."

입맛을 다시며 이 목사, 살짝 남아 있는 전채 요리를 마저 자기 접시에 담는다. 그리고 얼른 음식을 입에 집어넣고 우물거리며 말한다.

"아~ 살 빼야 하는데…. 이렇게 맛있으면 살을 뺄 수가 없잖아~"

"이 박사. 당 수치 괜찮아?"

"요즘 횡령이니 뭐니 하면서 걸고넘어지는 새끼들 때문에 신경을 좀 썼더니 살이 좀 빠져서 그런가? 당 수치고 뭐고 일단 먹어야겠단 말이지."

이 목사가 허겁지겁 먹는 사이 이번에는 몸에 달라붙는 원피스를 입은 웨이트리스가 문을 두드리고 들어온다. "방은 괜찮으신가요?" "어~ 그래. 방 아주 좋아. 괜찮아." 목사들은 이번에도 이구동성으로 대답하면서 슬쩍슬쩍 웨이트리스의 엉덩이니 어깨니 토닥거린다. 웨이트리스가 나가자 박 목사, 입맛을 다시면서 한마디 한다.

"여직원이 교육 잘 받았네."

"교육?"

"그래. 그렇게 만져대면 인상 한번 찌푸릴 만도 한데 말이야. 호텔에서 아주 교육 잘 시켰어."

"박 목사는 나보고는 여자 조심하라면서 자기 손버릇은 왜 그래?"

"여긴 매장이 아니잖아? 신자들도 다 애인 하나씩은 있는데 우리가 무슨 수도승이야? 나가는 길에 저 여직원 명함이나 하나 달라 그래야겠다."

히죽거리면서 웃는 박 목사를 김 목사, 못마땅하다는 듯 쳐다본다.

"박 박사는 어떻게 안 들키고 그렇게 구렁이 담 넘어가듯 잘 넘어가?"

"내가 말했잖아, 김 박사. 자기 매장 양들은 건드리지 말라고. 그거만 잘 지키면 탈 날 일 없어. 그 누구야? 잘 나가던 전병욱 목사, 젊은 혈기에 참지를 못하고 자기 매장 여자 건드렸다가 훅 갔 잖아? 다른 데서 그랬어 봐. 그냥 소문이니 음해니 하고 넘어가지."

"그래서 박 박사는 연애할 때 교회 안 다니는 여자하고 하는구나."

"그렇다니까~ 교회 안 다니는 여자하고는 대화도 잘 돼. 교회 다니는 여자들은 꽉 막혀서 무슨 말을 못하겠다니까. 예쁘다, 섹시하다, 숨넘어간다… 뭐 이런 얘기 할 수 있어? 자빠뜨릴 수도 없고."

"답답한 건 사실이지."

김 목사는 다시 와인 한 잔을 비운다. 그리고 이번에는 이 목사 쪽을 바라보면서 말을 꺼낸다.

"이 박사. 이 박사 연봉이 얼마쯤 되지?"

"나? 잠깐 이거마저 먹고…. 한 2억쯤 되나?"

"이 박사 연봉이 그거밖에 안 돼? 한 10억쯤 되는 줄 알았는데…."

"나 그렇게 양심 없는 목사 아냐. 그렇게 받아 처먹으면 욕먹는단 말이지."

"그걸로 생활이 돼? 그래서 비싼 음식도 못 먹고 그러는 거야?"

"다 알면서 왜 모르는 척? 김 박사 연봉하고 비교하면 껌 값이긴 하지만, 얼추 생활은 된단 말이지."

"그걸로 골프는 어떻게 치고 다니고 벤틀리는 어떻게 유지해?

애들 유학비용은 어떡하고?"

"정말 몰라서 묻는 거야, 김 박사?"

"얘기 좀 해 봐. 나도 비결 좀 알자. 그러자고 모인 거 아냐?"

이 목사 접시를 깨끗이 비우고 입을 닦고 품위를 되찾은 듯 우아한 표정을 애써 지으며 대답한다.

"우리 교단이 널널해 빠진 자기네하고 다른 거 알지? 회계처리 잘 못하면 노회에서 난리 나. 이번에 총회장이 아주 작심을 하고 눈에 불을 켜고 잡으러 다닌단 말이지. 자기도 총회장 되는데 수억 써놓고 뭐 '다시는 이런 일이 없게 하겠다' 그러면서 좀 잘 나간다 싶은 목사들 갈구는 데 버틸 재간이 있어야지. 방법은 있어. 대기업들처럼 다 비용처리 하는 거야."

"비용처리?"

"그래. 비용처리. 기업들은 세금 안 내려고 비용처리 하지만 교회는 어차피 세금 안 내잖아. 하지만, 우리는 보는 눈들이 있으니까 비용처리를 하는 거지."

"그럼 교회 돈이 다 내 돈인 셈이네?"

"그런 셈이지. 세무조사 같은 거 없으니까 맘대로 해도 된단 말이지. 다 '특수선교비'로 퉁치면 끝이야."

"특수선교비?"

"그래. 내역을 보자고 할 사람도 없고 공동의회 때 회계보고에서도 특수선교비라고 하면 그게 뭐냐고 아무도 안 물어본단 말이지. 감히 물어볼 수도 없고."

"그래도 혹시 물어보는 사람 없어?"

"누가 물어봐? 장로, 권사, 집사들이 두 눈 시퍼렇게 뜨고 지켜보고 있는데…. 물어보는 사람 없어. 물어보면 그날로 전화폭탄 맞고 교회를 그만 다니든지 아니면 통회자복하든지 하지 않을 수 없다니까. 그 골치 아픈 스파이들 빼고는 말이지."

"스파이? 아~ 그 시민단첸가 뭔가 하는 애들?"

"이번에 기어이 찾아내서는… 가만… 어떻게 찾아낸 거지? 재정문제에 접근할 수 있는 사람이면 장로나 권사 급일 텐데…. 아무튼 그런 반역자 하나 포섭해서 신문에 빵 터트리면 기자들이 개떼같이 몰려든단 말이지. 할 일 없는 실업자 쓰레기들. 그렇게 취재할 기삿거리가 없나?"

"그래서 어떡했어?"

"어떡하긴. 소송하라고, 고발하라고 했지. 그 새끼들은 소송 당사자가 아니라 소송을 걸 수도 없고 고발한다 해도 탈세 자체가 성립되지 않으니까 무혐의 처리되는 거란 말이지."

"그럼 김홍도 목사는 어떻게 된 거야? 그 사람도 횡령이니 뭐니 해서 재판까지 갔었잖아?"

"그 친구 너무 순진해서 비용처리는 생각도 못하고 장부 대충 만들다가 다 까인 거잖아. 해 먹은 것도 얼마 없는데 억울하게 됐어. 그래서 우리 교회는 회계처리를 전담하는 장로들이 몇 있단 말이지. 다 전문 회계사들이야. 원래 건축헌금 1억 밑으로는 장로 안 시켜주는데, 월급쟁이들인데도 장로 시켜준 게 다 그래서란 말이지. 감사헌금 한 푼 안 내고 십일조나 겨우 하는 새끼들이 장로랍시고 껄떡대는데 확 조질 수도 없고…."

"그 사람 중 하나가 스파이한테 불어버린 거구먼?"

"누군지 알아내기만 하면 아주 쥐도 새도 모르게…."

이 목사의 나이프 든 손이 부르르 떨린다. 그러는 사이에 다시 문을 두드리는 웨이터. 메인 음식을 가지고 들어온다. 언제 분개했느냐는 듯 이 목사 우아하게 "여기 좀 더~" 하며 손짓한다. 식사가 놓이는 동안 잠시 침묵했던 목사들, 웨이터가 나가자 다시 수다를 떨기 시작한다.

"이거 한우야?"

"안 물어봤는데?"

"촌스럽게 뭘 그런 걸 물어봐?"

"미국산이면 어떡해?"

"이런 데서는 최소 호주산이야. 걱정하지 말고 먹어."

"그런데 이 목사는 미국에서 유학하는 동안 미국 쇠고기는 안 먹었나 봐? 미국산 싫어하는 거 보니까?"

"미국산은 냄새가 나서…."

"그럼 미국에서는 어떻게 살았어?"

"거기서도 수입산 먹었지 뭐."

"<u>흐흐</u>… 그런데도 방송에 나가서 미국산 시식하면서 그렇게 미국산 쇠고기 좋다고 그랬어?"

"그건 정치잖아~ 다 암시롱 그래~ 그러는 자기들은 그런데 나갈 주제나 되나?"

이 목사가 고기를 썰어서 입에 넣고 우물거리더니 "음~"하면서 말한다.

"이거 내가 알아. 이거 호주산이야. 호주 애들은 소한테 풀 먹이면서 키워서 고소한 맛은 덜해도 냄새는 안 난단 말이지. 미국 소들은 고기 먹고 커서 비린내 장난 아니야. 미국 애들은 그런데도 잘도 먹어요, 보면."

"아무튼, 미식가야, 이 박사."

김 목사와 박 목사는 감탄을 금치 못하면서 자기들도 고기를 썰기 시작한다. 고기를 막 썰고 있는데 이 목사 먹다 말고 또 핀잔이다.

"그럼 안 되지~ 김 박사, 박 박사. 촌스럽게 미리 다 썰어놓고 먹는 게 어딨어~ 한국 사람들 그러니까 외국 나가서 망신당하는 거란 말이지. 나이프 오른손에 쥐고 포크 왼손에 거꾸로 쥐고. 한

번 해 봐.”

걸음마 배우는 어린아이처럼 김 목사와 박 목사, 이 목사로부터 나이프 포크 사용법을 배우며 연방 땀을 흘린다. “그래. 그렇게⋯.” 답답해서 못 견디겠다는 듯 김 목사, 힘주어 고기를 썰다가 그만 소스가 튀고 만다. 짜증을 부리려고 하던 그 찰나, 다시 누군가 방문을 두드린다. “아! 왜 또!” 김 목사는 목소리를 높인다. 방문이 천천히 열린다. 거기에는 동창회에 이제야 도착한 오 목사가 서 있다.

“어? 오 박사! 왜 이제 왔어? 어서 와. 반가워~”

“그래그래. 어서 와~”

위풍당당한 오 목사, 미소를 지으며 방문을 닫고 들어와 자리에 앉는다. 근엄하고 거룩하면서도 자상한 그 미소는 그의 트레이드마크다. 말쑥한 양복 안쪽 실루엣으로 보이는 그의 탄탄한 근육에는 군살 하나 없다. 이들이 거의 같은 나인데도 불구하고 오 목사는 나머지 목사들과 비교하면 십 년은 젊어 보인다.

“경찰 관계자 분들하고 미팅이 좀 늦게 끝나서 말이야. 어여 들어. 나는 들어오면서 전식하고 식사하고 한꺼번에 달라고 얘기해 놨어.”

“경찰 관계자?”

“아⋯ 자기들처럼 무슨 문제가 있어서 그런 건 아니고⋯ 지역

현안에 대해 같이 일 좀 할 게 있어서 다녀왔어."

"그으래? 그런 것도 해?"

"그럼. 이제 교회도 지역사회의 발전을 위해 봉사하고 그러는 시댄 거 몰라? 이번 투표도 우리 교회에서 하잖아. 사람들이 투덜거리면서 와서 뭐라 뭐라 그러는 것 같지만, 선거 한번 하고 나면 교인 등록 엄청 늘어. 욕하면서도 부러운 거지. 찌질한 주제에 자기들도 교회 등록하면 상놈이 양반 되는 줄 알고 말야."

"푸핫. 오 박사 웃겼어~"

박 목사가 무릎을 치며 박장대소한다. 부러운 듯 바라보던 김 목사, 오 목사에게 와인을 따라주며 말한다.

"그런데 오 박사는 우리 같이 닳고 닳은 목사들하고 합석하면 사람들이 뭐라 그러지 않아? 늘 고결하고 거룩하고 흠 잡힐 만한 짓 하나 없는 완전무결 목사님이잖아?"

"두말하면 잔소리지. 시대가 어느 시댄데 아직도 주색질이야? 글로벌 시대에 교회 목사가 다방 레지나 끌어안고 노닥거리는 이미지인 거 말이 돼?"

그러는 사이에 오 목사의 테이블에는 음식 접시들이 놓인다. 이번에는 아까 왔었던 웨이트리스다. 한번 봉변을 당한 터라 여자의 얼굴이 굳어 있다. 애써 웃음을 지으려고 하지만 잘 안 되는 품이 역력하다. 오 목사, 여자의 긴장을 풀어주려고 몇 마디 재밌는 농담을 건넨다. 그제야 여자의 얼굴이 좀 풀리는 듯하다. 여자가 서빙을 마치고 나가자 오 목사 나이프와 포크를 집어 들어 음식을 먹으면서 한마디 한다.

"보아하니 또 손장난 좀 친 거 같은데."

"아… 그거? 그냥 장난이었는데 저 여자 되게 예민하게 반응하네? 기분 나쁘게시리…."

박 목사가 손사래를 치자 오 목사 음식만 바라보면서 그의 말을 끊고 들어간다.

"목사들이 그러니까 사람들이 목사들 보고 먹사니, 기독교는 개독이니 하는 거 아냐?"

"그러는 오 박사는 그렇게 고결하면서 우리랑은 왜 밥 먹고 만나기는 또 왜 만나?"

"그야… 우린 동창이니까."

"그게 다야?"

"그러니까 똥인지 된장인지 구분 좀 하면서 살자고. 우리가 남이야? 다 애정이 있으니까 충고하는 거라고."

알았다며 구시렁거리는 목사들. 그런데 이 목사가 대뜸 오 목사에게 묻는다.

"오 박사, 오 박사처럼 거룩하고 점잖고 정직한 목사들 좀 데려와 봐. 우리도 좀 거룩해져 보게."

"없어."

"응?"

"없다고. 그런 목사가 요즘 어딨어? 나야 우리 교회 전 담임목사님께서 워낙 거룩하셔서 어쩔 수 없이 거룩한 척하는 거지만 대개 담임목사들은 누구 눈치 볼 필요 없잖아? 사람들은 우리 같은 목사들이 아주 일부, 예외인 줄 알아요. 곧 죽어도 자기네 담임목사는 청빈한 줄 알고, 사생활도 깨끗한 줄 안다니까."

이 목사가 손뼉을 천천히 치면서 고개를 깊게 끄덕인다. 역시 '자기도 우리 편인 줄 알았다' 라는 듯. 오 목사, 기왕 이렇게 된 거 까놓고 얘기하겠다는 듯 나이프를 접시 위에 내려놓고 이 목사를 보며 말을 계속한다.

"이 박사, 교회 등록교인 수가 얼마였더라? 한 5천 정도 되나? 등록교인 수 한 3만으로 확 늘어났으면 좋겠지? 그렇게 하려면 지금처럼 하면 안 돼. 사람들이 바보는 아니라고. 거룩한 척, 인자한 척, 청빈한 척은 해야 교인 수 1만의 벽을 돌파할 수 있는 거야. 그 지역에 있는 고만고만한 교회들 싹 다 망하게 하고 지역 패권을 장악하려면 일단 다른 목사들과 차별화되는 점이 있어야 한단 말야."

"아, 그래서 유학도 다녀오고 박사학위도 받은 거 아니냔 말이지."

"그 전도사 시켜서 논문 쓰게 한 학위? 우선 그 살부터 빼지그래. 목사가 두 턱 세 턱 져 가지고 움직이는 것도 힘들고, 건강도 안 좋아 보이고… 일단 거기서 비호감이 되는 거야. 사람들이 목사한테 바라는 게 무슨 영적 지도력인 줄 알지? 아냐. 사람들은 목사가 연예인들보다 더 멋있기를 바라고, 잘 생기고 말도 잘하기를 바란다고. 못 생기고 비호감인 목사가 한 시간씩 설교하는 거 그거 참고 봐 줄 수 있는 사람이 많은 줄 알아? 세상이 그렇다고… 세상이."

이 목사 얼굴이 시뻘게진다. 하지만, 무슨 대답을 딱히 할 수 있는 것은 아니다. 다 맞는 말이니까.

"기왕 얘기 나온 김에, 등록교인 수 1만 돌파할 수 있는 비결 좀 가르쳐 줄까?"

"자기가 그럼 우리는 땡큐지. 오늘 비결 좀 대방출해 줘."

목사들의 눈이 초롱초롱해진다. 음식 먹는 것도 잊은 채. 천천히 음식을 음미하면서 폼을 잡는 오 목사와는 대조적으로.

"우선 순수하게 보이는 거, 이게 가장 중요해."

"순수하게?"

"그래. 닳고 닳은 것 같은 인상, 그러니까 여러분 같은 인상, 이게 교인들이 더 늘어날 수 없게 만드는 가장 중요한 원인이라고. 왜 군고구마 장수도 자기 인상 더러우니까 여중생들한테 돈

주고 앵벌이 시키는 거 아냐. 일단 순수하면 불쌍해 보이고 사람들 마음이 열린다고. 반대로 판매자 인상이 더러우면 제품이 아무리 좋아도 지갑이 안 열린단 말이야. 무슨 말인지 알지?"

"우린 그럼 어떡해? 이렇게 생겨 먹었는데?"

"그냥 숨어. 교인들이 잘 보지 못하게."

"우리가 숨으면 누가 목회해?"

"앵벌이 있잖아~ 잘 생기고 순수하고 영혼이 맑은 전도사들. 개네들은 아직 세상 물정을 몰라서 얼굴이 그렇게 순수하다니까. 코끼리를 냉장고에 넣고 싶으면 어떻게 해야 돼?"

"아항~ 전도사를 시키면 되는구나~"

"그래. 인상이 이렇게 좋은 나도 청년들한테는 목사 말고 꼭 전도사들을 붙인다니까. 목사 새끼들은 이미 너무 닳고 닳아서 청년들에게 먹히지가 않는다고. 목사 안수 받으려면 너무 드러운 짓을 많이 해야 하니까. 목사 안수 받은 넘들은 벌써 다 영혼을 팔아먹은 넘들이라고. 우리처럼."

"그건 그래. 나도 목사 안수 받으려고 노회 목사들 밑 닦아 주고 돈 쳐 먹인 거 생각하면 치가 떨려."

목사들이 이구동성으로 치를 떤다. 오 목사가 계속한다.

"일단 청년들이 많아지면 특별히 더 할 게 없어. 개네들이 교회에서 알아서 애인 만나서 결혼하고 애 낳고 십일조하고…. 교회는 그렇게 돌아가는 거야. 걔네들 부모가 돈 많으면 걔네들도 덩달아 돈 많아지고 그러면 각종 헌금조로 걔네들 재산이 다 교회 재산, 아니 입은 삐뚤어졌어도 말은 바로 하자고, 다 내 재산 되는 거지. 헌금 중에 뭐니 뭐니 해도 가장 짭짤한 게 건축헌금인 건 다 알지?”

“그건 우리도 알지. 건축헌금 걷어서 한 삼분의 일 정도 비용 처리 하면 그걸로 애들 유학도 보내고 우리한테는 전원주택, 별장 그런 것도 생기고 그러는 거란 말이지.”

비용처리 전문가를 자처하는 이 목사가 잘난 척 끼어든다. 그러자 오 목사 피식 웃으며 대답한다.

“교인 수 5천 가지고 언제 헌금 걷어서 건물 올릴래?”

“…….”

“건축헌금이 왜 좋으냐면 다른 헌금은 가시적인 성과가 없잖아. 그러니까 그냥 세금처럼 느껴지는 거라고. 교인들 참 안 됐어. 나라에 세금 내는 것도 허리가 휘는데 나라에 낸 만큼 교회에도 내려니 그게 쉽겠어? 십일조로 가정불화 나는 거야 우리 알 바 아니지만 그래서 이혼한 부부들 보면 그 사람들 교인 만드느라 공들인 게 아까울 뿐이지. 하지만, 건축헌금은 가시적인 성과가 떡 하니 나타나니까 지갑 막 열리는 거야. 작정헌금도 막 하고, 집도 팔고 땅도 팔고… 새로 지어진 멋진 교회에서 헌금 좀 냈다고 집사니 권사니 감투 좀 쓰면 아주 자기들이 벼슬한 줄 알아요. 그거 다 자기들 돈으로 지었으면서. 이런 게 바로 땅 짚고 헤엄치기라니까. 감투 장사야 감투 장사."

"그래서 오 박사가 그렇게 멀쩡한 교회 놔두고 자꾸 새 성전 올리려고 하는구나?"

"빙고. 정기적으로 계속 건축을 해 줘야 가욋돈도 계속 들어오고 교인들도 만족하지. 감투 씌울 명분도 생기고 교회도 새 트렌드에 맞게, 그래서 다른 경쟁 교회들에 밀리지 않고 계속 경쟁력 있게 가는 거지. 이게 다 경쟁이라고. 지역 내 타 교회들과의 경쟁."

목사들은 깊이 공감하는 듯 고개를 끄덕인다. 그러는 동안 오 목사, 전채 요리를 끝내고 본 식사로 손이 간다. 고기 소스가 입가에 전혀 묻지 않은 채로 품위 있게 식사하는 모습이 마치 미국이나 유럽에서 나고 자란 사람 같다. 그 우아한 모습을 넋을 놓고 바라보던 이 목사, 그에게 찬사의 말을 던지며 묻는다.

"오 목사는 무슨 돈으로 그렇게 유학 생활도 오래 하고 미국에서 목회도 한 거야? 부모님이 돈이 많으셨어?"

"나 가난하게 자란 거 모르는 사람 여기 또 있네. 그러게 책 좀 읽지그래. 내가 쓴 『믿음으로 산을 옮긴다』는 책에도 다 나와 있구먼. 내 책도 안 읽었으면서 친구라고 할 수 있어?"

또 핀잔을 들은 이 목사, 미안한 표정으로 머리를 긁적인다. 오 목사가 계속 말을 잇는다.

"하긴 내 책에는 진짜 비결을 안 써 놨으니까. 진짜 비결 알려 줘?"

고개를 끄덕이는 세 목사는 이미 식사는 포기한 듯 오 목사에게 집중한다.

"사실 우리가 다 아는 얘기이긴 한데, 역시 그것밖에 없더라고. 선배들 밑 닦아 주는 거. 죽으라면 죽는 시늉도 하고 앞에 나서서 방패막이해 달라고 하면 죽을 각오로 혼자 뒤집어쓰는 거. 뭐 그런 거야. 그거하고 나면 살 길이 생기고 돈도 들어오고, 결정적으로 나중에 자기가 그만둘 때 꼭 부르더라고. 생각나는 사람은 너밖에 없어라면서 말이야."

"아~ 그렇구나~"

"미국에서 그렇게 해서 한 5천 명 목회하고 있었는데 결국 서울에서 부르더라니까. 참고 또 참은 결과 기회가 온 거지. 하지만, 그냥 날름 먹으면 사람들이 운 좋게 대교회 담임 됐다고 비웃고 그럴 거 아냐. 그래서 담임 되자마자 간경화 걸릴 생각으로 특새 시작한 거야. 한 일 년 하니까 그제야 교인들이 인정해 주더라고. 나도 미쳤지. 내 간 수치 지금 위험수위야. 이 짓도 핑계 만들어서 그만 해야 하는데…."

“특새…라면 특별새벽기도회?”

“아직도 특새라 그러면 헷갈리는 목사들 있더라고. 그거 내가 만든 유행이잖아. 그거 별거 아닌 것 같아도 교회가 엄청 부흥하고 뜨거운 것처럼 보이는 효과는 만점이야. 새벽부터 교회 버스 막 돌아다니지 사람들로 북적북적하지 차들 빵빵거리지 그러면 도떼기시장처럼 잘 나가는 것처럼 보인다고. 한국 사람들 자기 주관이라고는 눈곱만큼도 없어서 남이 좋다 하면 덩달아서 지구 끝까지 갈 위인들이거든. 그러니 교회 부흥할 수밖에. 나도 이렇게까지 잘 될 줄은 몰랐어.”

“야…. 오 박사, 정말 부럽다~”

세 목사는 감탄을 금치 못한다. 오 목사를 따라다니는 그 운이라는 것에도 놀라고 그 잔대가리 돌아가는 데도 놀랄 뿐이다.

“그래도 가끔은 미국 생활 그립지 않아?”

“그립다마다. 지금도 미국서 먹던 데니즈의 그랜드 슬램이며 타코벨이며 고급스러운 그로우브며 눈에 선해. 미국에서는 하꼬방 같은 아파트에서 복작거리며 살 필요 없잖아. 2층짜리 저택에 스프링클러 돌려가면서 정원에서 애들 뛰어놀고 손님 초대하고 그랬지. 새로 담임 된 지 일 년 만에 휴가 얻어서 가족하고 엘에이에 다시 갔는데, 어찌나 좋던지 눈물이 다 나오더라니까. 특새를 매일같이 해도 안 나오던 그 눈물이 말이야.”

"미국이 그렇게 좋아? 그럼 미국에서 계속 목회하지 그랬어."

김 목사가 부러운 표정으로 나무라듯 말하자 오 목사 하던 얘기를 계속한다.

"미국 같은 데서 한국 목사가 어떻게 목회해? 거기는 진짜 수도승처럼 살아야 돼. 신자들이 한국처럼 고분고분한 줄 알아? 근데 예외는 있어요. 한인교회들. 거긴 교회에서 떨려나면 한인사회에서도 아웃이거든. 그런데 평생 한인교회 담임이나 하면 비전이 없어. 평생 이민자들 뒤치다꺼리만 하다가 끝나는 거야. 누릴 거 제대로 누려 보지도 못하고 말야."

"한국에서는….."

"누릴 거 다 누리는 거지. 목사들이 미국 호텔에서 밥 먹는다고 별실 예약해서 고급 양주 시켜 먹으면서 여종업원 희롱하고 뭐 그런 게 되는 줄 알아? 그러니까 당신들 지금 한국에서 목사로 살면서 호강하는 줄 알아야 하는 거야. 비용처리? 비용처리~? 한국이니까 되는 거야. 한국이니까."

"그래도 난 오 박사가 부럽다, 부러워."

김 목사는 미국에서도 한국에서도 성공적인 목회를 하며 유명세를 타는 오 목사가 부러워 와인을 연방 들이킨다. 그리고 이번에는 20년 된 꼬냑 병을 따서 잔에 따른다.

"김 박사, 오늘 너무 마시는 거 아냐? 그러다 실수하면 어떻게 하려고 그래?"

박 목사가 심히 염려된다는 듯 김 목사를 말리지만 김 목사는 잔을 들이키며 신세 한탄이다.

"다른 목사들처럼 내가 내연녀가 있어, 내연녀한테 아파트를 한 채 사주기라도 했어? 교인들 너무하더라고. 전임 목사님은 안 그랬다는 둥, 목사가 왜 그렇게 소문이 안 좋냐는 둥, 아무튼 요즘 나 힘들어."

"김 박사. 그 손버릇 좀 고쳐 봐. 그렇게 아무나 만지고 그러니까 소문이 안 나려야 안 날 수가 없단 말이지."

"그거 알콜중독이야."

다독거리는 이 목사가 무안하리만큼 차갑고 낮은 목소리로 끼어드는 오 목사, 놀란 표정으로 얼어 있는 김 목사를 똑바로 바라보면서 차분하게 말을 계속한다.

"김 목사는 나 부러워할 거 없어. 어차피 알콜중독 목사도 하나님의 종이라고 받아주는 나라는 한국뿐이니까. 미국 같았으면 당장 공동의회 소집되고 면직되고 말 걸."

"……."

"그래도 걱정 마. 여긴 한국이잖아. 무슨 문제가 생겨도 교회에 덕이 안 되니 덮읍시다. 이 한마디면 게임 끝이야. 지금 우리가 모여서 이런 얘기하는 거 누가 엿들어도 기사화도 안 되고 가라앉는 이유가 뭔지 알아? 교회에 덕이 안 된다고 교인들이 덮자고 하니까 당연히 덮이는 거지. 그래서 우리가 이렇게 자유롭게 누릴 거 다 누리면서 살 수 있는 거지. 한국 정말 좋아요. 베리 굿이에요. 이대로 쭉 갔으면 좋겠어요~"

오 목사, 급 빵끗 웃으며 김 목사가 막 개봉한 꼬냑을 자기 잔에도 따른다. 식사는 이미 마쳤다는 듯 목사들 다 함께 꼬냑을 홀짝거리며 마신다. 오 목사, 발동이 걸린 양 하고 싶은 얘기를 쏟아놓기 시작한다.

"무엇보다도 우리가 이렇게 멋있고 맛있게 살 수 있는 이유 그건 우리가 그들의 모델이기 때문이에요. 사람들이 그걸 모르고 자꾸 비판하려고 하는데 그 비판하려는 사람한테 물어보라고. 우리처럼 살 수 있으면 살겠냐고. 그럼 안 살겠단 사람 없어요. 신자들이 전부 우리처럼 되고 싶어 하니까 우리가 이렇게 대신 살아주는 거다 이 말이에요. 그리스도의 청빈? 그리스도의 희생? 한국에 그런 거 가르치는 교회 없어요. 그런 설교 듣고 싶으면 저 아프리카나 남미 같은데 가서 살아야지 왜 한국에서 살아?"

이야기를 듣는 세 목사, 연방 고개를 끄덕인다. 이야기는 계속 흘러가서 삼천포로 빠지더니 결국 십자가. 교회가 가장 부담스러워 하는 그 주제가 나오자 냉정하던 오 목사 드디어 이성을 잃고 핏대를 올리기 시작한다.

"십자가는 폼으로 달아 놓은 거예요. 사람이 어떻게 예수님처럼 자기 십자가를 지고 갈 수가 있어? 그런 설교 하면 교인 다 떨어져 나가. 장사가 안 된다 이 말이야."

"옳다구니."

"요즘 아주 불쾌한 책들을 써대는 사람들, 십자가의 정신이니 뭐니 하면서 예언자입네 하면서 잘 나가는 교회 비판하는 놈들 있잖아? 그런 또라이들은 길바닥에 널렸지만 그런 새끼들이 짖어댄다고 세상이 바뀌고 교계가 바뀌었으면 진작 바뀌었지. 칼빈주의가 위대한 이유가 뭔지 아나? 예수 믿으면 잘 먹고 잘 살고 잘 나가게 해주겠다고 하나님이 약속했다 그랬단 말야. 그게 복음이지 뭐가 복음이야? 다 먹고 살자고 하는 일인데. 예수 믿으면 고난 받고 십자가의 길 걷고 그런다고 하면 사람들이 예수 믿어? 교회 나와? 교회 없으면 그 새끼들은 어디다 책 팔아먹을 건데? 아마 책 잘 팔려서 돈 벌면 우리처럼 고급 외제차부터 살걸."

"오 박사, 멋있다! 칼빈주의가 위대한 이유, 그거 정말 말 되네~ 설교 때 써먹어야겠단 말이지."

"그렇다니까. 그런데 술 처먹으면서 들으면 기억이 나? 적어. 거기 냅킨에다가 적어 놓으라고."

"박 박사, 볼펜 있어?"

"응. 나 먼저 적고."

세 목사 냅킨 찢어가며 받아 적는 품들이 가관이다. 게다가 받아 적은 내용도 다들 제각각이어서 결국 오 목사가 다시 구술해 주어야 했다. 그렇게 호들갑을 떨며 그들은 코냑 한 병도 다 비웠다. 식사도 마쳤고 술도 다 마셨고 취기도 얼큰하게 올랐으렷다. 이때 타이밍을 잘못 잡은 애꿎은 여직원, 아까 그 웨이트리스가 방문을 노크한다. 들어와서는 쭈뼛거리며 묻는다.

"식사는 괜찮으셨습니까?"

그런데 목사들 초점이 풀린 눈으로 그녀를 바라보며 아무 말이 없다. 김 목사가 그녀를 노려보며 손가락을 까딱거린다. '이리로 오라'는 뜻이다. 뭔가 마음에 안 드는 게 있나 싶어 그녀, 죄송한 표정으로 김 목사 앞에 선 그 순간, 김 목사 그녀를 잡아채더니 바닥에 내동댕이치고는 그 위에 엎어진다.

"소리 지르지 마."

그녀의 입을 막은 김 목사, 그녀의 앞섶을 풀어헤치고 손을 가슴으로 집어넣는다. 그러는 동안 나머지 목사들 자리에 앉아 무슨 일이 일어나는지 모르는 듯 각자 자기 할 일을 한다. 박 목사는 이를 쑤시고 있고, 이 목사는 거울을 보며 머리를 매만진다. 그리고 오 목사, 화가 난 듯 잠시 가만히 있더니 자리에서 일어나서 한창 여직원을 더듬고 있던 김 목사의 뒷덜미를 잡고 잡아당

기니 김 목사, 그제야 여직원에게서 떨어진다. 부들부들 떠는 여직원, 오 목사에게 "감사합니다"를 연발하며 흐느낀다. 오 목사, 옷매무새를 추스르며 떠는 여직원에게 다가앉는다. 그리고 품에서 지갑을 꺼내 백만 원권 수표 한 장을 꺼내 그녀의 손에 쥐여주며 말한다.

"소리 지르지 않은 거, 참 잘하셨습니다. 수고하셨고, 이거 받으시고 입 다물어 주실 수 있겠죠? 혹시 다른 사람에게 얘기하기라도 하면, 그래서 이 일이 바깥으로 알려지기라도 하면 우리 백기사들이 가만있지 않을 겁니다. 백기사 소문 들으셨죠? 방송사들도 국회의원들도 다 우리 편이고 검사, 판사, 경찰들도 다 우리 편이에요. 돈 더 필요하시면 나중에 우리가 또 들를 때 그때 말씀하세요. 자, 이걸로 눈물 좀 닦으시고…."

오 목사, 눈 하나 깜빡하지 않고 경고의 메시지를 던지면서 그녀를 일으켜 세우고 자기 손수건을 꺼내 눈물까지 닦아 준다. 그녀가 돈을 여전히 받지 않고 있자 오 목사 조용히 손에 들고 있던 수표를 그녀 주머니에 깊숙이 찔러 넣는다. 그리고는 다시 방긋 웃으면서 그녀에게 "괜찮아, 괜찮아. 살다 보면 이런 일 저런 일 있는 거야." 하면서 그녀의 어깨를 토닥인다. 그리고는 널브러져 있는 김 목사에게 고갯짓을 한다. 그제야 모른 척하고 있던 목사들 자리에서 일어서고 김 목사를 얼른 둘러업는다. 그때 다시 오 목사, 그들을 잠깐 멈춰 세우고 말한다.

"김 박사! 똑바로 못 서? 여기서 이렇게 나가면 목사 생활 어떻게 더 하려고 그래? 얼른 일어서! 똑바로!"

낮은 목소리지만 유격 조교처럼 칼같이 단호한 그의 호령에 김 목사 온 정신을 다해 바로 선다. 방문을 열고 나가는 그들의 뒤로 여직원의 훌쩍거리면서도 나지막한 목소리가 떨리듯 말하고 있었다.

"저희 레스토랑을 찾아 주셔서 감사합니다…. 안녕히… 가십시오."

천국의 파편

천 국 의 파 편

얼어붙은 저 하늘 얼어붙은 저 벌판
태양도 빛을 잃어 아 캄캄한 저 가난의 거리
어디에서 왔나 얼굴 여윈 사람들
무얼 찾아 헤매나 저 눈 저 메마른 손길

아아, 거리여 외로운 거리여
거절당한 손길들의 아, 캄캄한 거 곤욕의 거리
어디에 있을까 천국은 어디에
죽음 저편 푸른 숲에 아, 거기에 있을까

오 주여. 이제는 여기에, 오 주여. 이제는 이곳에.
오 주여. 이제는 여기에 우리와 함께 하소서

금관의 예수

선생님. 저는 곧 죽겠지만 제가 본 것을 죽기 전에 꼭 선생님께 말씀드리고 싶습니다. 지금도 숨이 차서 길게 말씀드리지는 못할 것 같아요. 녹음기를 준비해 두셨네요. 잘하셨어요.

지금처럼 간절히 무엇을 바랐던 적이 얼마 전이었는지 기억조차 나지 않습니다. 하지만, 전 알게 되었습니다. 제 생애에서 가장 간절하게 바라고 있던 것이 바로 이것이라는 것을요. 이전에, 길지 않은 제 생애 동안에 전 정말 간절하게 바랐던 것이 몇 가지 있었습니다. 처음에 제가 가장 간절히 바랐던 것은 부모님과 함께 사는 것이었습니다. 제 나이 열네 살 때였습니다.

무슨 이유였는지는 정말 알 수 없었지만, 부모님은 저를 어딘가에 맡겨 놓고 가 버리신 후 다시는 돌아오지 않았습니다. 전 어머니 뒤를 따라가던 동생도 다시는 만날 수 없었습니다. 왜 그러셨을까…. 아무리 생각해 보아도 답이 나오지 않았습니다. 아마 제가 좀 아팠고 치료하는데 돈이 좀 많이 들어서였는지도 모르겠어요. 하지만, 몸이 좀 아프다고 아이를 버리는 부모가 세상에 있을까요? 전 그다지 사는 게 불편하지 않았어요. 좀 피곤을 쉬이 느껴 다른 아이들처럼 뛰어놀지 못했을 뿐입니다.

제가 버려진 곳은 고아원이었습니다. 하지만, 그 보육원 아이들과 저는 잘 어울리지 못했습니다. 그 아이들은 저처럼 부모가 있었던 애들이 아니었습니다. 겉으로 보기에는 평범하고 고아인지 전혀 모를 정도로 순수해 보였던 그 아이들은 어른들이 있을 때와 없을 때 저를 대하는 태도가 달랐습니다. 형들은 표시 나지 않게 때리는 법을 알고 있었고 저를 감싸주는 아이는 하나도 없었습니다. 저는 매일같이 낮에는 따뜻하게 대해주고 밤에는 짐승처럼 저를 때리는 형들과 살았습니다. 그렇게 한 일 년 살았을까요…. 저는 주민등록증이 나올 때까지만 참자고 생각했지만… 더는 참을 수 없었습니다. 그렇게 저는 세상에 홀로 내동댕이쳐졌습니다.

고아원을 나오니 갈 곳이 없더군요. 선생님께도 말씀드렸지만 저는 안 해 본 일 없이 살았습니다. 몸이 약해 누구를 때리지도 못하고 그저 일만 했습니다. 그래도 전 그렇게 살면서 절대로 잊지 않은 일이 있었습니다. 어디 계신지도 모르는 부모님을 찾아 저는 계속 옮겨 다니며 살았습니다. 주로 공장에서 허드렛일을 하면서 돼지우리 같은 데서 겨우 잠만 잘 수 있었던 그런 시간이었지만 사람들에게 끝없이 물어보고 부모님 같은 분이 계시다는 곳을 알게 되면 또 길을 떠났습니다. 그때마다 허탕을 치긴 했지만 말입니다.

그러다 선생님을 만나게 됐죠. 선생님은 제게 발에 가시가 박힌 거친 짐승 같다고 말씀하셨죠…. 그게 바로 저였습니다. 그런 저를 씻기시고 먹이시고 입히신 분은 선생님이 처음이었습니다.

기억하시나요… 선생님? 그때 제 나이가 열일곱 살이었습니다. 선생님은 다 쓰러져 가는 시골교회에서 저와 숙식을 함께하셨죠. 선생님의 가족에게 어찌나 미안하던지요…. 저와 함께 사는 것이 싫어서 울음을 터뜨린 따님을 모질게 때리시던 기억이 생생합니다. 선생님은 저를 군청에 데려가서 제가 앞으로 사람으로 살아갈 수 있도록 주민등록증을 만들어주셨죠. 주민등록번호를 알지도 못한 저는 결국 고아로 새 번호를 받았고 그렇게 그날부터 사실상 선생님의 아들이 되었습니다.

선생님과 함께 한 그 짧았던 시간… 선생님의 교회 아이들과 어울려 지냈던 그 시간이 저에게는 가장 행복한 나날들이었습니다. 비록 겉으로는 아무도 눈길 주지 않을 만큼 허름한 교회였지만 그곳은 저에게 천국이었습니다. 만일 천국이 다른 곳에 있다 해도 전 "이곳이 천국이니 다른 곳은 관심 없다"라고 말했을 겁니다. 지금도 친구들의 얼굴이 눈에 선하네요. 죽기 전, 아니 죽어서라도 그 아이들을 보고 싶어요. 지금은 얼마나 멋있는 어른들이 되었을까요. 그 짧은 시간, 단 6개월 동안 만났던 아이들이지만 저에게는 마치 태어나면서부터 형제 · 자매였던 것처럼 그렇게 오래 함께한 것 같아요. 저의 인생에서 되살리고 싶은 기억은 그것뿐이었습니다. 나머지 그 긴 시간은… 이제 기억도 잘 나지 않네요. 제가 무얼 하면서 보냈는지 무슨 일들을 겪으며 지냈는지 하나도 생각이 나지 않아요. 또렷이 기억나는 것은 그 6년 같던… 아니 60년같이 길고도 행복했던 6개월뿐입니다.

군청에서 제가 중학교부터 다시 다녀야 한다고 하니 말도 안 된다며 굳이 또래들처럼 고등학교에 다니게 하시려고 뛰어다니시는 사이에 전 선생님 교회의 아이들과 거의 매일 어울리며 얼마나 행복했는지 모릅니다. 만일 제가 다시 학교에 다니게 되었다면 그렇게 행복하지는 않았을 거예요. 선생님 교회 아이들, 형들과, 누나들, 그리고 동생들이야말로 저에게는 진짜 가족이었으니까요.

선생님께 이제 말씀 드려야겠네요. 왜 제가 선생님을 떠날 수밖에 없었는지 말입니다. 지금 생각해 보면… 그럴 수밖에 없었습니다. 용서해 주세요, 선생님. 선생님께서 그때 얼마나 힘드셨는지를 미처 헤아리지 못했고, 다만 짐이 되기 싫어서 그랬습니다. 선생님의 교회 어른들이 어느 날 갑자기 읍내 큰 교회로 옮기겠다고 하시자 선생님은 그 자리에서 쓰러지셨죠. 무슨 일이 일어난 건지 전 정말 알 수가 없었습니다. 그렇게 어른들은 제 친구들마저 데리고 사라져버렸고 교회는 텅 비었죠. 선생님. 그때 선생님께서 병원에 계신 사이에 저는 정말이지 도저히 선생님 없는 교회에 남아 있을 수가 없었습니다. 선생님의 가족 분들이 저에게 얼마나 잘해 주셨는지 어떻게 다 말로 할 수 있겠습니까만…

전 선생님 없이 그곳에서 하루도 더 살 수가 없었어요. 정말 죄송합니다… 선생님. 전 마지막으로 그 아이들을 멀리서 바라보았습니다. 주일 예배를 마치고 나오는 그들, 주일학교에서 예전처럼 웃으며 즐거운 시간을 보내고 있던 그들을 먼발치에서 지켜보았습니다. 선생님. 정말 생생하게 기억나요. 지만이, 형식이 형, 은아 누나, 미정이, 그리고 꼬마 영석이도… 다들 잘 있겠죠? 그 아이들을 누나, 형들을 보고 싶어서 혼자 얼마나 울었는지 모릅니다. 날 버린 어머니, 아버지 그리고 제 동생보다도 더 보고 싶어서 하늘을 이불 삼아 자면서도 혼자 얼마나 눈물을 삼켰는지….

중졸인지 국졸인지도 확실하지 않은 저는 주민등록상으로는 무학입니다. 검정고시라도 치르고 싶었지만, 저에게는 공부할 시간도 돈도 집도 없었습니다. 누군가 그러더군요. 공장에서는 온종일 일하느라 공부할 수 없지만, 교도소에 가면 공부할 수 있다고. 하지만, 교도소에 가는 것도 웬만한 용기로는 어림없는 일이더군요. 뭘 훔치고 교도소에 들어가려고 했지만, 제가 물건을 훔친 가게 주인 어르신은 "별 달고 세상 어찌 살려고 하냐"며 저를 용서해 주셨습니다. 그분의 눈동자를 본 이후로 저는 다시는 물건을 훔칠 수가 없었습니다. 선생님께서도 그러셨죠. 죄짓고는 살 수 없다고…. 저는 그때 생애 처음으로 혼자서 하나님께 기도했습니다. 지금 죽어도 좋으니까 제 부모님을 한 번만 만나게 해

달라고 말입니다. 그리고 그날 고픈 배를 움켜쥐고 일하던 공장
으로 돌아갔습니다. 뭐 하다 왔느냐며 죽도록 맞았지만 맞으면서
오히려 마음이 편했습니다. 이제 죄짓지 않고 살 생각을 하니 마
음이 그렇게 편할 수가 없었습니다.

그날 밤, 전 숙소에는 들어가지도 못하고 공장 한쪽 구석에서
잤습니다. 도망갔다가 다시 돌아온 벌이었죠. 그날따라 잠이 오
지 않더군요. 잠이 오는가 싶더니 다시 깨고는 하며 날 밤을 샐
참이었습니다. 그런데, 어디선가 "내 착한 아가…"라는 음성이
들렸습니다. 그런 음성은 처음 들었고 그건 귀로 들은 음성이 아
니었습니다. 그건 마음을 울리는 음성이었습니다. 저는 그 음성
이 사람의 소리가 아니라는 것을 직감했습니다. 잠시 당황해서
가만히 앉은 사이 전 같은 목소리를 또 들었습니다. "내 착한 아
가. 난도질당한 나의 예쁜 아가…." 순간 제 앞에 나타난 것은 십
자가였습니다. 그 십자가에는 한 번도 본 적이 없는 어떤 남자가
피를 흘리며 매달려 있었고 그분은 저를 내려다보시며 제 마음에
말했습니다. "너의 고통에 함께하려고 내가 여기 매달려 있다."
그 순간 저는 모든 것을 깨달을 수 있었습니다. 그분은 교회에서
말하는 하나님의 아들, 예수님이었습니다. 사랑하는 저의 고통을
그저 보고 계실 수만 없어 저와 함께 피를 흘리고 계시다는 것을
안 순간, 저는 눈물을 참을 수 없었습니다. 그분은 저처럼 우시지

는 않았지만, 저를 사랑하는 눈으로 바라보셨습니다. 십자가는 곧 사라졌지만 저는 울음을 멈출 수 없었습니다.

　새벽녘이 되어 울음이 잦아들자 이번에는 쭈그리고 앉은 저의 어깨를 두드리는 손길이 있었습니다. 저는 소스라치게 놀라 고개를 쳐들었습니다. 그리고 제가 본 건 저를 버리셨던 그 순간 제가 기억하고 있던 바로 그 모습의 어머니, 그리고 아버지였습니다. 그 손길, 그 감촉…. 전 정말 저를 다시 찾으러 오신 줄 알았습니다. 그리고 너무나도 반가운 마음에 아무 말도 하지 못하고 어머니의 품에 안겨 울었습니다. 시간이 얼마나 흘렀는지…. 밤은 아직도 세상을 뒤덮고 있었는데, 천천히 어머니가 저를 품에서 떼어놓으시더니 제 얼굴을 보며 말씀하셨습니다. "아가… 미안하구나. 너를 그렇게 혼자 두고 떠나서…. 행여나 우리 걱정은 말거라. 우린 널 기다리고 있어…. 열심히 살아라…. 나중에, 아주 나중에 보자꾸나…." 그렇게 말씀하시고는 그분은 아버지와 함께 저를 떠나 멀리… 아주 멀리 가버리셨습니다. 마지막 모습이 점 하나처럼 작아질 때까지 말입니다. 그건 꿈이 아니었습니다. 하지만, 예수님과 함께 한 시간, 그리고 부모님과 함께 한 시간은 이 세상에서는 경험한 적 없는 꿈 같이 행복하고 편안한 시간이었습니다.

　하나님은 저의 오직 하나뿐이었던 간절히 바라던 그 소원, 부모님을 만나게 해 달라고 했던 그 소원을 들어주셨습니다. 그리고 제가 그리스도인이 되어야 할 이유를 알게 해 주셨습니다. 남들은 제 사연을 들으면 제 부모를 욕했지만, 저는 더는 부모님을 원망하지 않았습니다. 왜 날 버렸느냐고 물어보고 싶었죠. 하지만, 그분들을 보았을 때, 전 아무것도 물을 수 없었습니다. 그냥 다 이해한다고 말하고 싶었습니다. 그분들도 마음으로 제 대답을 들으셨을 겁니다.

전 그 이후로 가장 쉽게 씌어 있다고 하는 성경책 한 권을 사서 저녁 시간마다 읽었습니다. 숙소는 근로자들이 매일 밤 투전판을 벌이느라 소란스러웠기 때문에 전 공장에 가서 전등불을 하나 켜 두고 성경을 읽었고, 성경 읽는 그 시간은 저에게 나타나셨던 그분, 십자가에 달린 예수님을 만나는 시간이었습니다. 눈으로는 볼 수 없지만, 마음으로 전 그분을 보고 느꼈습니다. 성경 말씀은 제게 꿀같이 달았습니다. 무슨 말인지 알 수 없는 어려운 표현들, 단어들도 있었지만, 마음으로 무슨 말인지 이해할 수 있었습니다. 말씀은 살아 꿈틀거리는 글자들이었습니다. 성경 말씀은 꿀같이 달았고 텔레비전보다도 투전판보다도 재미있는 세상이었습니다.

성경 말씀에 재미가 들리자 교회에 가고 싶어졌습니다. 하지만, 공장은 일요일에도 돌아갔기 때문에 전 교회에 갈 수 없었습니다. 저뿐만 아니고 매주 일요일 교회에 갈 수 있는 사람은 그 공장에는 아무도 없었습니다. 그래서 교회에 나가겠다고 공장장 님께 우기다가 매도 많이 맞았습니다. 결국, 때리다 지쳤는지 월 급에서 제한다는 다짐을 받고 저를 주일 오전에 풀어주었습니다.

저는 읍내로 내려가서 가장 먼저 보이는 교회에 갔습니다. 그 런데 저를 바라보는 사람들의 눈빛이 이상했습니다. 지금 생각하 면 제가 얼마나 순진했는지 생각만 해도 아찔합니다. 저는 그곳 에서 마치 없는 사람, 존재하지 않는 사람처럼 느껴졌습니다. 아 무도 정말 아무도 저에게 악수를 청하지 않았습니다. 전 교회당 현관에 붙어 있는 거울을 보고 왜 그런지 깨달았습니다.

전 허름하고 더럽고 냄새 나는 가난한 청년이었습니다. 그런 저를 보고 아마 그 교회 사람들은 "교회에 뭔가 빌어먹으러 온 것 이겠거니" 생각했을지도 모르겠습니다. 그 교회만 그런가 하고 저는 그다음 주부터 읍내의 모든 교회를 찾았습니다. 큰 교회건 작은 교회건 처음 교회보다 나은 교회는 없었습니다. 전 정말 왜 그런지 알고 싶었습니다. 그래서 마지막으로 찾은 교회에서 목사 님으로 보이는 분이 악수를 다할 때까지 끝까지 한쪽 구석에서 기다리다가 기어이 말을 걸었습니다. "이 교회에 등록하고 싶은 데 어떻게 해야 할까요?" 하고 말입니다. 그러자 그 목사님은 비 웃듯이 대답했습니다. "저희 교회는 그러니까… 형제님은 아마 여기에서는 적응하기 어려우실 겁니다. 저쪽 길 건너편 교회로 한번 가 보세요. 거긴 근로자 분들이 좀 계시거든요.” 하지만 그 목사님이 말한 길 건너편 교회는 그 교회보다 더 나을 것이 없었습니다. 그 목사님의 말은 제게 현실을 제대로 일깨워 주었습니다. 어떤 교회에도 저 같은 더럽고 가난한 근로자는 없었습니다.

하지만, 저는 실망하지 않고 공장에서 함께 예배드릴 사람들을 찾았습니다. 제가 본격적으로 전도하기 시작하자 그간 속내를 드러내지 않던 동료들은 제게 마음에 있는 말들을 쏟아놓기 시작했습니다. 그건 무서운 말들이었습니다. 제가 교회에서 느낀 것 이상의 실망감과 배신감, 그리고 복수심이었습니다. “하나님은 사랑이시라? 흥, 웃기네.” “칼 안 든 강도 같은 넘들…. 헌금 봉투는 왜 그리 많어?” “십일조 잘하면 부자 된다는데… 우리 같은 날품팔이들이 무슨 재주로 십일조를 한단 말여?” 그들에게 교회는 돈만 밝히는 수전노 같은 존재였고, 그들 같은 근로자를 사람대접 하지 않는 속물이었습니다. 차라리 외국인 노동자가 우리보다 사정이 나았습니다. 그들은 그들이 갈 외국인 노동자 교회가 있었고 거기서 고국의 동포들을 만났습니다. 하지만, 우리는 세상 어디에서도 받아주지 않는 괴물들이었습니다. 저와 같은 처지에 있던 갈 곳 없는 근로자 동료들은 그렇게 술과 도박에 절어 인생을 낭비하고 있었습니다. 저는 그들에게 힘을 다해 전도했지만,

그들은 마음의 문을 열지 않았습니다. 다만, 그들은 제가 그리스
도인이 된 것을 인정해 주었고 적어도 제가 있는 숙소에서는 투
전판을 벌이지 않았습니다. 그들은 하나같이 저를 보고 그들이
처음으로 본 진짜 그리스도인이라고 말해 주었습니다. 기뻤지만,
한편으로 서글펐습니다. 교회가 그들의 마음을 닫아버린 것 때문
이었습니다. 교회가 그렇지 않았다면 그들은 누군가의 전도에 마
음을 열 수 있었을 사람들이었습니다.

선생님. 저는 그 후 몇 개월간 꿈같은 시간을 보냈습니다. 말
씀과 함께, 저만의 주님과 함께 말입니다. 늘 성경을 읽으며 은혜
의 시간을 보내면서 그렇게 지냈습니다. 그러다가 병마가 다시
찾아왔습니다. 치료하기에 너무 돈이 많이 드는 제 병은 제가 그
리스도인이 되고 저를 떠나간 줄 알았습니다. 하지만, 그것은 저
를 점점 더 피곤하게 만들고 있었고 몸을 움직이기 어렵게 했습
니다. 저는 더 공장에 머무를 수 없었습니다. 한번 큰 사고가 날
뻔한 일이 있자 공장장은 저를 불러 돈을 좀 쥐여주면서 나가달
라고 했습니다. 저는 그 길로 공장에서 나와 조금 모아둔 돈과 공
장장이 준 돈으로 역 근처 쪽방을 얻었습니다. 살아갈 길이 막막
했지만, 다행히 군청에서 기초수급자 생활비를 주었습니다. 그
돈은 병원에 다니기에는 턱없이 부족했지만, 집세 내고 살아갈
수는 있는 돈이었습니다.

먹는 것에 돈을 쓸 수가 없어 전 역 앞에서 교회나 성당 봉사자들이 노숙자들에게 주는 밥을 얻어먹었습니다. 밥을 얻어먹으면서 제가 느낀 건 서러움이었습니다. 가난해서 뭔가 얻어먹는 것을 당연히 부끄러워해야 한다는 그 눈길들이 견디기 어려웠습니다. 밥을 주는 사람들도, 밥을 얻어먹는 사람들도 왜 그렇게 사람을 부끄럽게 만들었을까요. 세상에는 고칠 수 없는 병, 큰돈이 들어 고치지 못하는 병 때문에 일할 수 없는 사람들이 그렇게나 많은데 왜 그걸 부끄러워해야 할까요. 선생님. 세상은 왜 이럴까요. 교회, 성당이라는 곳에서 나오셨다는 분들의 눈빛은 또 왜 그렇게 차가웠을까요.

서러움에 한동안은 밥을 얻어먹으러 나가지 않았고 몸은 더 쇠약해져서 밖에 나가기조차 어렵게 되었습니다. 저는 저 자신의 존재가치를 찾을 수 없어 우울증에 빠졌고, 하나님이 원망스러웠습니다. 어느 날, 저는 주님께 "무엇을 위해서 나를 만드셨고, 왜 내 병은 치료해 주지 않으시냐"고 원망 어린 기도를 하면서 잠이 들었습니다. 저는 여느 때와 같이 점심을 얻어먹으러 역 앞으로 나갔습니다. 노숙자들이 길게 줄을 서 있었습니다. 그날따라 날씨가 참으로 화창했고 꽃잎이 날리고 있더군요. 바람은 마치 속삭이는 것처럼 저를 지나가고 있었습니다. 식판에 음식을 받아서 아무 데나 앉아서 식사하려는 참이었습니다. 제 옆에 누군가 다가와 앉았고 저는 아무 생각 없이 그를 쳐다보았습니다. 그러자 그분도 저를 쳐다보았죠. 그분이 저에게 말했습니다. "식사가 참 보잘 것 없구나. 하지만, 맛있게 먹자." 저는 소스라치게 놀라서 식판을 떨어뜨릴 뻔했습니다. 그분은 마치 노숙자 중의 한 사람처럼 허름하고 더럽고 냄새 나는 예수님이었습니다. 하지만, 그분에게서 나는 광채는 그분이 하나님이시라는 것을 의심할 여지 없이 보여주고 있었습니다. 제가 놀라서 멍하니 앉은 사이, 하나둘씩 저와 예수님 옆으로 다가오는 노숙자들이 있었습니다. 그들은 우리를 가운데로 하고 빙 둘러앉아서 맛있게 음식을 먹었습니다. 예수님은 마치 친자식처럼 그들을 어루만져 주셨고 그들과 다정스레 대화를 나누셨습니다. 그분은 거지 예수님이었고, 우리는 모두 그분 옆에 앉은 거지들이었습니다.

예수님은 그들과 이야기를 마치시고, 저에게 말씀하셨습니다. "왜 친구들과 인사를 나누지 않느냐." 저는 "저들은 제 친구들이 아닙니다"하고 대답하자 예수님은 "아니다. 저들이 네 친구가 아니냐"라고 다시 대답하셨습니다. 저는 아니라고 힘주어 말하고는 그들을 쳐다보았습니다. 그런데 그들은 제가 모르는 사람들, 제가 모르는 노숙자들이 아니라 그렇게도 제가 그리워하던 제 친구들이었습니다. 지만이, 형식이 형, 은아 누나, 미정이, 그리고 꼬마 영석이…. 제가 그토록 다시 보고 싶어 했던, 죽기 전에 한

번이라도 다시 만나고 싶어 했던 제 형제·자매들이었습니다. 저는 그들을 붙잡고 통곡했습니다. 그들도 저와 함께 울었고, 우리는 그렇게 다시 만난 기쁨에 목이 메었습니다.

　어쩌면 그렇게 행복하고, 어쩌면 그렇게 평안할 수 있었을까요. 그 시간은 꿈처럼 오래 느껴졌고 천국이 바로 이런 곳이구나 하는 것을 느꼈습니다. 그런데 이 느낌이 낯설지 않았던 것은 처음 십자가의 예수님을 만났을 때와 같은 느낌이었기 때문이었습니다. 그러니까 이것은 제가 느낀 두 번째 천국이었던 겁니다. 그들의 낡고 더러운 옷에서는 광채가 나고 있었습니다. 그들의 역겨운 냄새는 더는 역겹지 않았고 오히려 사랑스러운 가족의 냄새와 같았습니다. 그것은 진실로 뜨거운 사랑의 식사였습니다. 분위기는 향기롭고 따뜻하여 마치 목욕물 속 같았습니다. 저는 이대로 죽어도 좋다고 생각했고 그래서 예수님께 말씀드렸습니다. "주님. 저를 이대로 데려가시면 안 되겠습니까?" 그러자 그분이 대답했습니다. "나와 영원히 함께 살고 싶으냐." "네." "진정이냐." "그렇습니다." "알았다…. 내 곧 너를 데리러 가마. 하지만, 그전에 여기 있는 네 친구를 돌보아야 한다." 전 그러겠노라며 힘주어 고개를 끄덕였습니다. 그러자 예수님은 저를 길게 안아 주시고 등을 토닥여 주셨습니다.

　그건 꿈이었지만 동시에 꿈이 아니었습니다. 보통 꿈은 그렇게 생생하지 않습니다. 꽃잎 하나하나가, 흙 한 알갱이 알갱이가 구별될 정도로 선명했고, 예수님의 허름한 옷의 얼룩 한 자국, 삐져나온 실밥 한 오라기까지도 생생했던 그것이 어떻게 꿈이었겠습니까. 저는 꿈에서 깨자마자 옷을 챙겨 입고 주님과 또 친구들과 함께 식사하던 곳으로 달려갔습니다. 그곳은 꿈에서 본 것과 똑같은 곳이었지만, 그곳을 채우는 사람들은 꿈과 달랐습니다. 황량하고 쓸쓸한 바람이 불고 있던 그곳은 외롭고 가난하고 거절당한 사람들의 거리였습니다. 시간이 좀 지나자 식사를 제공하는 차량이 왔고 노숙자들은 어느새 줄을 섰습니다. 이들 중 가장 깨끗한 옷을 입고 있고 이들 중 가장 냄새가 나지 않고 이들 중 가장 맑은 정신 상태를 가지고 있는 사람은 바로 저였습니다. 그런 제가 돌보지 않으면 이 사람들은 누가 돌볼까 하는 생각이 들자 그들이 불쌍했습니다. 눈을 들어 그들의 얼굴을 하나하나 살펴보자 그들의 마음이 보였고 그들의 과거가 보였고 그들의 고통이 보였습니다. 그리고 주님께 마음으로 기도했습니다. "주님. 이들이 이렇게 살다가 병들어 죽으면 꼭 주님께서 품어 주세요. 이들이 살아서도 이렇게 힘들었는데 죽어서도 지옥에 간다면 얼마나 억울한 일입니까. 지옥에 가야 할 나쁜 사람들이 세상에 이렇게나 많은데, 이들마저 지옥으로 보내실 수는 없습니다." 하지만 그리스도인이라 하는 사람들은 너무 차갑고 너무 매정했습니다. 그들은 이렇게 불쌍한 사람들이 지켜보는 앞에서 확성기에 대고 소리 질렀습니다. "예수 천국! 불신 지옥!"

저는 확성기에 대고 소리 지르는 그 사람들에게로 다가가 그들의 확성기를 빼앗아 집어던졌습니다. 확성기가 고장 나자 이들은 "경찰을 불러! 경찰을!" 하며 호들갑을 떨었습니다. 저는 그 사람들을 노려보면서 말했습니다. "다신 여기 오지 마세요. 당신들이 여기서 이렇게 소음공해를 만드는 것도 불법입니다. 경찰을 부를 테면 부르세요. 당신들의 확성기란 확성기는 다 부숴버릴 테니까." 그들은 이런 미친 노숙자는 처음이라는 듯 자기들끼리 수군거리며 저를 욕했습니다. 저는 미친개처럼 짖으며 주님께서 가장 싫어하시는 사람들을 그렇게 내쫓았습니다.

그리고 겨우 식판을 받아 노숙자들과는 조금 떨어진 자리에 앉아 밥숟갈을 들었습니다. 그때, 어떤 한 노숙자분이 제 곁으로 다가와 같이 밥 먹기를 청했습니다. 그리고 이렇게 말했습니다. "용기가 대단하시우. 보아하니 우리 같은 처지는 아닌 것 같은데, 어디 사시는 분이신지?" 그렇게 그분과 저는 대화를 시작했습니다. 우리는 서로 인생 이야기를 나누었습니다. 그뿐이었는데도 그분은 눈물을 흘리며 "당신이 믿는 주님을 나도 믿고 싶소"하고 말하는 것이 아니겠습니까? 특별히 무슨 전략을 짠 것도 아니고 일부러 다가간 것도 아니었습니다. 하지만, 주님은 그들을 만나게 해 주셨고 그분에게 당신을 알려주셨습니다. 세상에 기적이 있다면 바로 이런 것이 아닐까요.

저는 그분의 눈물 속에서 제 친구들, 제 형제들의 모습을 보았습니다. 그 후로도 줄곧 저는 노숙자들 계속 만나고 대화하면서 그들이 그리스도인이 되는 것을 지켜보았습니다. 이것은 그들을 사랑하시는 주님께서 하신 일이었습니다. 한번 주님께서 그들에게 당신을 보여주시자 그들의 마음은 자물쇠 고장 난 문처럼 쉽게 열렸습니다. 그들은 마음이 가난한 사람들이었습니다. 전 "심령이 가난한 자는 복이 있나니 천국이 그들의 것임이라" 하신 성경 말씀을 떠올리며 고개를 끄덕였습니다. 전 그들의 마음을 열고자 저를 병들게 하신 주님을 찬양했습니다. 제가 병들어서 일하지 못해 그들처럼 식판을 들고 바닥에서 식사하는 신세가 되지 않았더라면 누가 이들의 마음을 열 수 있었겠습니까.

그 무렵이었죠. 선생님께서 결국 저를 찾아내셨던 것이요. 문을 두드리는 소리를 듣고 저는 뭔가 심상치 않음을 직감했습니다. 당시 저를 찾는 사람은 아무도 없었으니까요. 문을 여는 순간 선생님이 서 계셨고 그건 저에게 하나의 사인이었습니다. 그건 이제 복음을 받아들인 노숙자들에게 목자가 생겼다는 뜻이었고, 하나님께서 당신의 양들을 버려두지 않으신다는 기쁜 소식이기도 했습니다. 선생님께서 저를 어떻게 찾아내셨는지 말씀해 주셨지만 어떻게 하셨더라도 주님은 선생님을 저에게 데려와 주셨을 겁니다. 둘도 자리하기 비좁은 쪽방에서 선생님께서는 제가 떠나고 무슨 일들이 있었는지 알려주셨죠. 텅 빈 예배당이 어떻게 다시 찬양하는 목소리들로 차게 되었는지, 하나님께서 어떻게 그 교회를 다시 살리셨는지 말입니다. 진정한 목자의 목소리를 듣는 양들은 언젠가 목자를 찾아오게 마련이라는 사실을 저는 알게 되었습니다.

그렇게 선생님과 저는 노숙자들과 함께 예배를 드렸죠. 불 꺼진 역사에서 촛불을 켜 놓고 노숙자들과 함께 드린 그 예배야말로 진짜 예배였고, 그곳은 진정으로 교회였습니다. 예배를 드리고서 다 같이 봉지 빵과 밀키스를 나누어 먹었죠. 그건 주님의 식탁이었고 거룩한 만찬이었습니다. 그 후 선생님께서는 노숙자들에게 기초생활 수급이라도 받을 수 있게 해 주시려고 뛰어다니셨지만, 그들에게는 호적에만 존재하는 가족이 있었기에 그것마저 쉽지 않으셨죠. 게다가 몸은 만신창이가 되어 노숙이라는 막다른 곳에 들어선 그들의 생명도 꺼져가고 있었고, 그들을 치료할 돈은 어디에서도 구할 수 없었습니다.

선생님. 만일 우리에게 돈이 있었더라면 그들과 저는 살 수 있었을까요? 교회들이 구제에 쓴다는 돈은 도대체 어디로 가는 것일까요? 저는 주님께서 곧 저를 찾아오시리라 믿고 있었지만, 치료받지 못하던 불쌍한 그들이 하나둘씩 죽어갈 때, 그 옆을 지켜 주는 것 말고는 할 수 있는 일이 없었습니다. 그건 선생님도 마찬가지셨죠. 교회들은 정해진 예산은 다 쓸 곳이 있다고 말했습니다. 그걸 다시 결정하려면 연말까지 기다려야 한다는 교회도 있었지요. 그러는 사이 그들은 죽어갔습니다. 하지만, 그들이 슬프게 죽어가지 않았기에 저 역시 슬프지 않았습니다. 그들이 어떤 분의 품으로 가는지 알고 있었으니까요.

아무도 돌보지 못하던 그들은 그렇게 하나둘씩 행복한 표정을 지으며 주님 곁으로 갔습니다. 새로운 노숙자들이 그들의 빈자리를 채웠지만, 이제는 제가 그들을 돌볼 수 없게 되었네요. 선생님께서 그들을 잘 돌봐 주세요. 혹시 어디서 큰돈이 생기더라도 저를 위해 쓰지 마세요. 그 돈을 기다리는 새로 온 노숙자 형제들이 있으니까요.

참, 선생님. 최근에는 제가 주님을 한 번 더 뵈었습니다. 며칠 전이었는데요, 평생 처음으로 누린 호사스러운 병원 독실이었지만 너무 쇠약해져서 움직일 수가 없어 답답했고, 내 인생은 어떻게 되는지 알 수가 없어 괴로운 마음이었습니다. 거울 속에 비친 저의 모습은 너무 말라 추해져 버린, 아무도 돌보지 않아 시들어 버린 잡초 같았습니다. 나조차도 내가 싫어 외면할 지경이었는데 누가 이런 나를 사랑할 수 있을까 생각하며 훌쩍거리다 잠이 들었던 것 같아요.

전 액자들이 아주 많은 방에 서 있었습니다. 어떤 자상하고 키가 크신 분이 저를 안내하고 계셨습니다. 그분의 얼굴은 잘 볼 수 없었지만, 음성만은 또렷하고 분명했습니다. 누구의 액자인가 하며 잘 살펴보니… 아주 잘 생긴 꼬마 아이가 함박웃음을 터뜨리며 사진 속에 있었고, 다음 액자에는 좀 더 큰 아이가 늠름한 포즈를 취하고 친구들과 놀고 있었죠. 그다음 액자는 좀 더 자란 아이가, 그리고 그다음 액자에는 거의 어른이 다 된 아이가 있었습니다. 하나같이 너무나도 예쁘고 잘 생기고 사랑스럽고 멋있는 아이였습니다. 그건 한 사람의 성장 과정을 담아 놓은 액자였습니다. 그렇게 저는 그분의 안내에 따라 거기서 가장 큰 액자에 도달했습니다. 그리고 그 액자에 있던 잘 생긴 젊은 청년은… 바로 저였습니다. 저는 심장이 멎는 것 같은 충격을 받았습니다. 그리고 그 순간 저는 처음 제가 주님을 뵈었던 때와 같은 음성을 들었습니다. "내 예쁜 아가…. 그래. 그건 바로 너란다. 난도질당한 나의 착한 아가…. 네가 얼마나 예쁜지, 내가 너를 얼마나 사랑하는지 이 액자에 다 담았다." 저는 그분의 마음을 충분히 알 수 있었습니다. 그분은 저의 고통 하나하나를 같이 고통스러워하고 계셨다는 것을요. 그리고 그분이 보신 저는 세상에서 가장 아름답고 예쁜 아가였습니다. 그리고 당신의 사랑하시는 마음 모두를 담아

정성스럽게 제 사진을 찍어 오셨던 것이었습니다. 마치 부모가 가장 사랑하는 자신의 아이를 바라보는 그 애틋하고 대견한 눈으로 말입니다.

선생님. 저는 그 이후로 저 자신을 달리 보게 되었어요. 이제 더는 사랑받지 못해 시들어버린 잡초 같은 얼굴은 저 거울 안에 없습니다. 비록 말라서 원래 어떤 사람이었는지 알 수 없을 정도로 쇠약해져 버렸지만 전 저 거울 안에서 주님이 그렇게나 사랑하시는 한 아이의 함박웃음을 본답니다. 주님은 그렇게 제 인생에서 가장 손길이 필요했을 때 나타나셔서 천국을 보여주셨습니다. 아마 천국은 그보다 훨씬 따뜻하고 행복하고 평안한 곳이겠지요? 그건 아마 천국의 파편쯤 되지 않았을까요. 주님께서 저에게 나타나셨던 때마다 전 느꼈답니다. 세상에 천국보다 좋은 곳은 없다는 것을 말입니다. 전 어서 그곳으로 가고픈 마음뿐입니다.

이제⋯ 좀 피곤하네요. 선생님. 이제 좀 자야겠어요. 선생님도 좀 쉬세요. 아⋯ 어머니! 아버지! 저를 데리러 오셨나요? 기뻐요. 제가 가는 곳에는 저를 그렇게나 사랑하시는 주님도 계시겠죠? 선생님께 작별인사를 하고 싶지만 그럴 수 없을 것 같네요. 다들 안녕히⋯. 나중에, 아주 나중에 봐요⋯ 아주 나중에⋯.